JULIEN MAUVRAC

SOUS LES TENTES

DE

JAPHET

PARIS

L. GENONCEAUX, ÉDITEUR

3, RUE SAINT-BENOÎT

1890

SOUS LES TENTES

EE

JAPHET

Saint-Amand (Cher). — Imprimerie DESTENAY.

JULIEN MAUVRAC

SOUS LES TENTES

DE

JAPHET

PARIS

LÉON GENONCEAUX, ÉDITEUR

7, RUE SAINT-BENOIT, 7

1890

SOUS LES TENTES

DE

JAPHET

I

C'est au bout de la rue de l'Université, là où le
septième arrondissement confine aux ruines de la
Capharnaüm internationale qui, il y a un an, étalait, en des praticables de décor, sa fausse gloire,
sa splendeur artificielle, tout un orgueil en toc. La
tour Eiffel qui semble une paire de ciseaux dressée

en l'air, les pointes fermées — un haut, sec, très
laid, symbole Juif ! — se profile presque dans l'axe,
à cent mètres. La rue a l'aspect renfrogné des vieilles
choses honnêtes. On lui trouve l'air boudeur d'une
personne d'âge, très comme il faut, à qui est imposé le voisinage choquant d'une demoiselle plâtrée
et qui ne sait point se tenir.

Des industries très gouvernementales : le magasin
central des hôpitaux militaires, le garde-meuble
national, sont en bordure d'un côté, avec leurs murs
gris. De bonne vraie pierre, celle-là, mais pas gaie !
— la mélancolie d'un derrière de bâtisse officielle,
ces ateliers exhibant au quai d'Orsay leurs faces
aimables comme celles des casernes, des hôpitaux
ou des prisons.

Le numéro 157 s'ouvre, par sa porte cochère, sur
une cour en longueur que termine un mur escaladé
par d'anémiques verdures. Sur tout le côté droit,
près de l'entrée, s'alignent six maisons égales, à
deux étages, qu'un soupçon de jardinet, clos d'une
grille, sépare du mince trottoir qui va le long de la
cour.

On ne s'étonnerait pas outre mesure de lire sur les
édicules : FAMILLE UNE TELLE. Ils ont une apparence
calme, à la patience résignée, un peu dans le goût
de ces concessions à perpétuité ombragées et clô-
turées, petits immeubles fonciers de la mort

habités par de ci-devant vivants qui avaient de quoi.

Au fond de la cour, dans la dernière de ces demeures austères, habite M. Drumont, le champion de la race japhétique, le croisé valeureux qui a levé contre les Beni-Israël l'étendard des revendications aryennes.

Une servante d'âge et de galbe canoniques vient ouvrir. Au rez-de-chaussée, sur l'antichambre, proprette, très simple, discrètement s'entr'ouvrent des pièces au relent de renfermé, servant de débarras et d'archives — papiers, vieux emballages, provisions et fruits mis à conserver sur des planches. Tout cela est d'un arrangement soigné qui fait que l'on :

Admire un si bel ordre et reconnait l'Eglise.

Telles ces maisons d'ecclésiastiques où l'on a conservé encore, accaparant ce qui en reste, la race si rare de ces bonnes vieilles bonnes de curés qui savent si bien ranger dans un intérieur, et sont si soigneuses.

Un petit escalier conduit au premier étage où le maître habite et travaille. Le visiteur dont on a pris la carte est remisé, pour attendre, dans un salon. Le mobilier est fin de siècle — fin de l'autre. — Sur

une épinette il y a, en plâtre, la statue de Jean-
Jacques, par Vasselot. On n'est pas chez un curé.
A un mur, dans un grand cadre, le portrait de
M. Drumont, très nature, vous prépare à sa présence.
Ce tableau est d'un peintre dont on n'a pas oublié
la mort tragique, M. Dupuis. Il fut tué en duel par
un critique d'art de journal d'arrondissement. Le
secrétaire particulier de M. Drumont était l'un des
témoins du peintre. On s'était battu à propos de
rien — un sonnet perpétré par une demoiselle qui
avait quelques notions de prosodie.

Ailleurs, c'est l'esquisse de Willette qui servit à
illustrer l'affiche de la *France Juive*. On la connaît ;
M. Drumont, en cotte de mailles, sans lunettes, terrasse Moïse. Le meneur cornu des Juifs tombe avec
les tables de la loi et avec son porte-monnaie d'où s'é-
chappent des écus qui roulent. Des plumes, lancées
comme des flèches, font au paladin des blessures
qui saignent. De loin, et si l'on n'y fait pas trop attention, la masse d'armes que brandit le croisé semble un de ces engins destinés à lancer l'eau bénite,
mais très amplifié. Il y a aussi un tableautin quelconque avec des intentions de paysage et qui n'est
drôle que parce qu'il est signé Péraire. L'*a* ne décir-
concit pas le nom que l'on s'étonnerait de trouver
là si l'on ne savait quelle nuance, un peu atténuée,
prend l'antisémitisme de M. Drumont quand il se

trouve en présence d'un Juif portugais : il s'y met, même, comme un léger vernis de sympathie. Pour M. Drumont, ils sont Juifs avec circonstance atténuante. Les Juifs portugais montrent encore, paraît-il, sur leur copie de lettres, une missive de protestation qu'ils ont envoyée aux gens de chez eux, relativement à la condamnation de Jésus-Christ. Cette prétention prouverait que les Portugais sont toujours gais, même quand ils sont Juifs. M. Drumont, par contre, ne possède aucune de ces natures mortes que peint une des dames Rothschild.

La vue, si l'on se met à l'une des deux fenêtres du salon, n'est pas particulièrement réjouissante. De l'autre côté du boyau pavé par où nous sommes venus, c'est d'abord une sorte de chantier de bois, pas très boisé du reste, quelque chose plutôt comme un remisage de poutrelles — on dirait d'anciens mâts de cocagne — et dont un tas s'élève en pyramide derrière le mur. Le second plan est formé par un enchevêtrement de toits vieux, d'une vieille architecture normale de rive gauche.

Mais la porte s'ouvre. L'homme qui entre, de taille moyenne, paraît environ 45 ans. Les cheveux très longs, bien fournis, rejetés en arrière où ils forment une volute sous les oreilles, grisonnent à peine, comme la barbe épaisse, frisée, sur laquelle se busque un nez assez fin. Les yeux transparaissen vifs, chercheurs, un peu bridés d'ironie, à travers le vitrage qui les couvre. Les épaules sont larges, le buste solide. Il n'y a pas d'apprêt dans la toilette, rien de cherché comme mise en scène de travailleur de lettres connu et qui veut faire effet. On devine le laborieux et le consciencieux qui a la probité — l'orgueil aussi — de son labeur. C'est le Bénédictin du fait-divers, c'est Saint-Simon en veston de travail.

La chose racontée — un peu de tout ce qui se savait, de tout ce qui se disait, de tout ce qui se murmurait — a fait chez lui la fortune du livre. Elle a été prompte et, cela peut se dire, surprenante, car il n'apportait que des faits dont, très rarement, il avait eu la jouissance en primeur. Mais on sent, sous ce qu'il écrit, la volupté qu'il avait à l'écrire, volupté âpre et qui parfois, on le devine, le tenaille d'étrange façon, jusqu'à lui faire dire, à de certains moments, des duretés pour ceux qui, moralement, sont ses plus proches. Ce serait peut-être, si le mot n'était un peu gros, l'apôtre de la médisance.

Mais encore, médisances de haut goût élevées jusqu'à un degré de satire qui fouette; petits attendrissements lyriques modulés sur un ton doux jusqu'à la mièvrerie, presque, sont-ils maniés par lui de main de maître. Quand il hait comme quand il

aime, on voit que cela est vrai. Il a de ces impréca-
tions contre les puissants qui osent tout, de ces mépris contre les mous et les lâches qui n'osent rien,
où l'on trouve toute l'ampleur d'un autre âge avec
des images à la Saint-Simon très superbement en-
levées, une verve railleuse de grand seigneur, un
dédain pour les petitesses d'homme bien né.

Puis, quand il nous décrit des coins de ce Paris
qu'il adore, il a des émotions jolies, corrigées d'une
pointe d'humour, et qui vous rafraîchissent, — à les
lire entre ses querelles surchauffées, — comme un
sous-bois ombreux, une ruelle calme aux pierres
moussues, traversés au sortir des grands espaces
brûlants, poussiéreux, où l'on se bat. Malheureusement dans toutes ces envolées de l'écrivain, il passe
comme une lourdeur. On peut lui reprocher, malgré
qu'il sache écrire, de ne pas savoir, trop souvent,
se borner. Il y a chez lui des choses qui gagneraient
à n'être point diluées. Il a le tort de faire long.
Quand il chevauche son idée, c'est qu'il la tient pour
solide, et il lui arrive de ne la plus quitter qu'elle ne
soit fourbue. Il n'admet point qu'elle puisse être
lasse et il ne comprendra pas qu'elle devienne las-
sante. Aussi, il arrive que cette pensée qui monte,
creuse et grossit, en maint endroit crève le cadre.
Il faut alors lui percer des échappements par le
sous-sol. Le livre qui déborde de développements en

incidence, éclate de notes. Cela hache la lecture du
texte et devient un agacement pour le lecteur que
ces cahots fatiguent. Il y aurait beaucoup à élaguer
dans une œuvre qui du reste y gagnerait. Mais ces
patients ciseaux dont il a découpé — dans les choses,
au jour le jour narrées — ces faits qu'il a su grouper en une mosaïque étincelante de coloris et de
vigueur, M. Drumont ne saurait les promener dans
la luxuriance de son œuvre, touffue un peu à la
façon de sa chevelure de fleuve noir.

Le 26 janvier 1889, quand tout Paris se parta-
geait en deux sur le nom d'un homme et que beaucoup, — comme dans le Napoléon II d'Hugo se disaient :

Quelqu'un de grand va naître !

On demanda à M. Drumont son opinion. Il répondit :
— Demain, en sortant de la messe, j'irai voter
pour Boulanger.
Cela donne assez bien la formule de l'homme qui
est catholique et destructeur : catholique réel, — un
croyant et un pratiquant — pour le reste, un dé-
molisseur en chambre. S'il donne sa voix à Boulanger, au sortir de la messe, ce n'est point qu'il

ait une affection particulière pour l'homme, — il l'a
bien prouvé depuis — mais c'est plutôt parce que ce
nom représente à ses yeux une certaine somme d'opposition destructive. Il y a dans ce petit carré de
papier qu'il tire de son paroissien pour le mettre
dans l'urne, des intentions d'anathème. Il semblerait qu'il ait prononcé dessus de ces oraisons mystérieuses par lesquelles certains thaumaturges sou-
mettaient le diable à leur vouloir, pour la plus
grande gloire de Dieu.

Malheureusement le 27 janvier n'a pas eu les len-
demains espérés. Le Diable qui était sorti de
l'urne ce jour-là, y est rentré avec son ressort dé-
traqué. Il y a beau temps qu'un définitif *ite missa
est* a été dit sur la messe boulangiste. M. Drumont
était parti avant l'offertoire s'en allant attendre chez
lui — entre les notes amassées pour le livre de demain et les comptes d'éditeur pour le livre d'hier —
ces Vêpres Françaises qu'il voudrait bien sonner, et
où seraient exterminés ces durs conquérants de l'or
dont la race se vérifierait, ce jour-là, au baptême
chirurgical.

Ce rôle de sonneur de glas est celui qui convient
le plus à l'homme — il a du reste comme un
aspect de Temps faucheur. Sa nature intellec-
tuelle le porte à des descriptions lamentatives
de choses en train de finir, à des *Dies iræ* psal-

modiés, à des catastrophes prochaines et immanquables prophétisées avec une fureur de sibylle. Les titres de ses livres sont, à ce sujet, fortement suggestifs, comme dirait un psychologue. En histoire, c'est *La mort de Louis XIV* qu'il écrit. Comme roman, il publie *Le Dernier des Trémolin*. Dans ses essais d'éthique sociale, on trouve : *La Dernière Bataille, La Fin d'un Monde*. Il décourage. Les Grecs auraient dit de lui qu'il portait *l'Anankè* attachée à sa personne, ce qui pourrait se traduire en français par un mot plus vulgaire : la guigne. Les Italiens penseraient qu'il a le *mal'occhio* et lui feraient les cornes. Les matelots superstitieux lui trouveraient une figure à *vent de bout* et toucheraient du fer en le voyant. On pourrait presque croire que sa fameuse messe *rotire* du 27 janvier a jeté un sort à Boulanger. Toujours est-il que sa meilleure posture — et la plus coutumière à son tempérament, — est d'être assis sur des ruines, à crier ses prédictions funèbres. Et comme il excelle à ce lamento !

L'historien Flavius Josèphe raconte que pendant le siège de Jérusalem par l'Empereur Titus, un homme se promenait sur les remparts de la capitale juive en criant : « Voix de l'Orient, voix de l'Occident, voix de partout, malheur, malheur à toi, Jérusalem ! » Le troisième jour de cette promenade évidemment dangereuse, une pierre, lancée par une

catapulte des assiégeants, tua ce prophète de malheur.

M. Drumont est, sous un certain rapport, ce Juif
— il y a là une comparaison et non point une simi-
litude — qui crie, dans la nuit, sur le rempart, le
raca annonciateur des destructions prochaines. Ses
livres ont toute l'allure — on pourrait dire l'intona-
tion — d'un cri d'alarme. Non seulement il nous
prédit la grande désagrégation finale d'une société
qui meurt dans toutes les plaies politiques et toutes
les lèpres sociales, mais encore il nous y fait assis-
ter. Voyant de haut, il voit large, sous son optique
spéciale assurément, mais, ce que l'on ne saurait nier,
c'est qu'il est un convaincu. Il ne se dit pas que
l'humanité est mauvaise, — ce qui fait peut-être
son charme — et que, partant, la société, qui n'est
que la canalisation des instincts de l'humanité,
est défectueuse aussi, et le sera toujours. Non ! il
trouve cette société, qu'il voit, mauvaise et il se butte
dessus.

Deux manières se présentent pour juger la vie :
ou bien regarder platoniquement par le trou de ser-
rure du scepticisme et de l'ironie, et se dire :
« Voilà, en vérité, de bien belles turpitudes »
puis en rire bien vite et en faire rire les autres ou
bien, être pris de :

........ces haines vigoureuses
Que doit donner le mal aux âmes généreuses.

On ne saurait refuser à M. Drumont d'être, sous ce rapport, une âme très grandement généreuse. C'est ce qui fait qu'il est socialiste. Son socialisme est simple : « Tout le monde doit manger. Il y en a qui ont trop de plats devant eux. Il y en a, aussi, qui n'ont pas même de pain sec. C'est à ce défaut d'équilibre que la société actuelle doit son agonie. » Ce ne sont point là ses paroles, je crois que c'est sa pensée. La grande misère des uns et l'extrême opulence des autres sont choses qui l'obsèdent. Et leur contraste l'irrite. Il clame un formidable : *Maledicti possidentes !* » en poussant du pied une charogne qu'il nous montre et qui est la société.

Mais que de vers le rongent ce cadavre ! On a fait l'étude de tous ces animalcules qui vivent dans la chair morte, et l'on sait que chaque espèce correspond à un degré de la putréfaction. Même, aujourd'hui, en médecine légale, l'examen de ces larves sert à préciser assez exactement la date de la mort. M. Dumont procède par cette sorte de bactériologie des ferments putrides de notre décomposition sociale. C'est la ploutocratie hébraïque à qui la lâcheté des classes dirigeantes — dirigées par le

Juif, — l'avidité haineuse et intolérante des Jacobins, servent de complices. Ce sont les hiérarchies exploiteuses qui ont féodalisé la France de cette époque, pressurant le petit, le faible, le pauvre, l'humble, tout ce qui fait le *peuple*, que M. Drumont aime d'un amour sincère, désintéressé au fond, car l'homme n'a aucune des aspirations du démagogue soucieux de se faire une part dans la puissance. C'est, enfin, l'hypocrisie bourgeoise dont il raille superbement l'indifférence égoïste, le faux idéal d'ordre.

« Qu'est-ce que la bourgeoisie entend par l'ordre ? — dit-il, — c'est un point qu'il serait difficile de définir. A l'institution toute nouvelle du prolétariat, la bourgeoisie a annexé le conciergerat que nos pères ne connaissaient pas. L'idéal d'une maison bien tenue, dans le conciergerat, est une maison où l'on peut commettre toutes les turpitudes, se livrer à toutes les débauches, mais dans laquelle on ne fait pas de bruit, où les escaliers sont bien cirés, la moquette régulièrement brossée, les boules de cuivre vigoureusement astiquées et où l'on obéit à l'écriteau : *Essuyez vos pieds. S. V. P.* Essuyez vos pieds. S. V. P. C'est le résumé de l'ordre d'après la bourgeoisie. Le plus souvent, il n'y a que de la boue à ces pieds, mais aux époques de crise, c'est du sang que la bourgeoisie essuie ainsi avec soin, pour ne pas salir les tapis. »

Il y a, dans toute l'œuvre de l'homme, une étude bien intéressante, descriptive et fouillée comme elle l'est, — véritable étude de diagnostic sur le mal social. — Mais, quant à ce qu'on en pourrait appeler la thérapeutique, le chef de l'antisémitisme ne l'a point encore abordée. Peut-être la crainte de s'emprisonner dans d'irréalisables utopies, l'a-t-elle, par avance, découragé. Pourtant lorsqu'on a flairé toute la puanteur de cette décadence, on songe à ce qui pourra en effectuer le nettoyage et la désinfection. Pour quiconque porte sa pensée sur ces choses, il est certain que l'humanité se prépare à entrer dans un cycle nouveau. Mais qui pourra en définir la formule ? Je ne crois pas que M. Drumont puisse y prétendre.

Les cent trompettes. — Archives plus ou moins israélites.
— Les Machabées. — L'abbé Juif et la France de Chanaan. — Le père trois-lunes. — Canards circoncis. — Un
gobeur, le *Chat-Noir* et M. Sarcey. — Bas-bleu défraîchi.
— Moine et diable incube. — Un neveu de l'Eglise. —
Editeurs bien pensants. — Les juifs marchands du Temple.

L'œuvre de M. Drumont devait forcément, par sa
nature même, faire naître des controverses d'une
intensité extrême. Il y avait trop d'attaques, là-
dedans, pour qu'il n'y eût pas des parades et des
ripostes. L'écrivain soutenait avec une vaillance superbe, tous les chocs, et ils étaient nombreux ;
un de ses livres contient 54 colonnes de noms cités, à 50 noms par colonne. Il allait, frappant d'estoc
et de taille dans cette mêlée où la plume donnait,
comme l'épée et, aussi, le papier timbré.

Toutes les polémiques, il les a là, sur des rayons de

bibliothèque, soigneusement collées dans des registres, bien classées, répertoriées avec ordre. Les consciencieux découpages des agences qui lisent et communiquent les citations, sont au grand complet dans ce monument — vrai temple de Mémoire — qu'il édifie en l'honneur de son œuvre. Tout s'y trouve, depuis les articles de fond des grandes feuilles, signés de noms connus, jusqu'aux appréciations des journaux modestes de province, en passant par les chroniques boulevardières où la *blague* sceptique qui houspille un peu l'auteur, mord aussi pas mal, Israël dans les mollets. Voltaire, au fond, n'a jamais aimé l'ennuyeux et encombrant petit peuple de Judée.

Et puis, ce sont les longues et compendieuses études des Revues, les réponses grincheuses, plates, sans arguments de doctrine, sans philosophie élevée, des Archives Israélites — *Semaine Liturgique* des sacristies Juives. — L'amas de cette bibliographie monte comme une tour. C'est Babel! on y écrit toutes les langues que parlent les peuples chez lesquels un journal s'imprime, de Gog jusqu'à Magog, comme dit la Bible, cette Asie Juive d'il y a 3,000 ans !

M. Drumont eut cette extraordinaire bonne fortune pour un homme de lettres, que ses adversaires directs n'eurent pas, dans leurs coups de défense, la *maëstria* qu'il avait mise en ses coups d'attaque. Les écrivains issus de Sem, pour les apologies de leur race, eurent peu de chance. Endormis dans la digestion de leur long succès, il semblait qu'ils fussent peu faits pour ce genre de travail qui leur incombait très-inopinément. Ils ne purent déployer qu'un talent restreint, dans des ouvrages dont la vente resta beaucoup au-dessous de celle qu'atteignaient les livres de leur ennemi. Ces gens sont moins aptes à vendre leur prose que leurs lorgnettes.

Un vieux juif riche voulut se poser en Machabée de la plume pour défendre le royaume de Juda. Il fit de petites brochures bêtasses, d'un sémitisme imbécile et dont le français Kasher ne soutenait pas la lecture.

Sous ce titre : *L'entrée des Israélites dans la Société française,* un ecclésiastique, l'abbé Lémann — ci-devant Juif qui changeait de synagogue — publia en réponse à M. Drumont quelques choses aimables à l'adresse de la peuplade asiatique qui avait inventé le culte du féroce Jéhovah. Le livre de l'apologiste Catholico-sémite aurait pu prendre comme épigraphe : « Embrassons-nous Israël. » Cela se résume par la conversion de ces bons Juifs auxquels la France est réservée comme finale terre promise, comme le Chanaan béni où tout n'est qu'abondance et bombance pour les Hébreux. M. l'abbé

émet pour défendre ses co-Jéhovistes une théorie
pas trop faite pour sourire à un pays, qui d'instinct,
n'aime pas le Juif, et, bien que vaguement encore,
redoute de voir l'influence juive s'accroître.
D'ailleurs, il est pour le moins imprudent d'an-
noncer, sous forme d'une fusion religieuse, l'apaisement d'une querelle de races, à un peuple qui, s'il
déteste les juifs, se méfie aussi fortement du
clergé.

Il y eut, cependant, un Israélite spirituel qui ri-
posta à l'attaque de M. Drumont contre les Juifs par
quelque chose d'amusant. M. Abraham Dreyfus,
dans le *Gil-Blas*, accusa le protagoniste de l'antisémitisme d'être Juif. Cette petite polémique fut
drôle. M. A. Dreyfus écrivit ceci :

« ..... Un de mes amis qui a habité Mayence me
» l'a prouvé d'une façon péremptoire. Voici com-
» ment : il y avait autrefois dans la Judengasse (rue
» des Juifs) une boutique d'opticien à l'enseigne des
» *trois lunes*. Cette enseigne était devenue, comme
» il arrive souvent, le surnom du marchand ; on
» l'appelait le père trois lunes : *Drei mond*. Les
» descendants du bonhomme gardèrent naturelle-
» ment ce nom qui, par une corruption facile à
» saisir, se transforma en Drimont et Drumont quand
» ils vinrent s'établir en France. »

Cette plaisanterie parut toucher M. Drumont, car il y répondit, avec esprit, par l'étymologie du nom si répandu aujourd'hui, de Dreyfus :

» Puisque M. Abraham Dreyfus aime ces re-
» cherches étymologiques qui ont, d'ailleurs, leur
» intérêt, veut-il me permettre de lui demander si
» l'origine du nom de Dreyfus est bien celle qui est
» indiquée je crois dans le Koroth La Jtim (Evéne-
» ments des temps) dont l'auteur David Halévy est
» mort au commencement de ce siècle? Au XVIe
» siècle vivait à Worms un médecin Juif qu'on accu-
» sait de casser un pied aux enfants dans tous les
» accouchements dont il était chargé. Pour se jus-
» tifier, il affirma que s'il avait parfois cassé un pied
» aux nouveaux-nés, c'est parce qu'il avait cru
» s'apercevoir qu'ils en avaient trois. Je dois ajouter
» et cela fera certainement plaisir à M. Abraham
» Dreyfus, que ce médecin fut acquitté. C'est depuis
» ce temps qu'on lui aurait donné le nom de Dreyfus
» (trois pieds) qui s'est transmis dans sa famille. »

Le spirituel chroniqueur du *Gil-Blas* s'avoua vaincu, tout en plaidant les circonstances atté-nuantes. Il fallait que la culpabilité du Dreyfus de Worms fût, en vérité, bien peu certaine pour qu'on l'ait dispensé du bûcher à une époque où le bras

séculier était assez lourd pour les Juifs. Et il con-
cluait :

« Je ne puis donc que courber le front devant la
» réprobation dont on frappe encore, après trois
» siècles écoulés, le nom d'un pauvre homme de
» lettres qui n'a pourtant cassé le pied à per-
» sonne. »

Dans ces derniers temps, quand l'antisémitisme
poussait une certaine pointe qui indiquait des velléités d'action, et paraissait vouloir profiter de la
lutte électorale et de l'agitation dans la rue, quelques petites feuilles essayèrent, dans leur floraison
éphémère, de défendre les Juifs, et de vilipender
M. Drumont. La bourse d'Israël n'engraissa guère
ces canards qui moururent oubliés après avoir vécu
sans être connus. Les Français qui les rédigeaient
— sans l'ombre d'un talent d'ailleurs — n'eurent pas
trop à se louer d'avoir célébré la philanthropie de
M. de Rothschild et dythirambisé sur l'inépuisable
charité de sa dame, cette mère des pauvres.

L'un de ces journaux morts-nés, avait comme rédacteur, un petit jeune homme de province qui était
débarqué un jour au *Chat noir* où sa naïveté go-
beuse lui obtint un certain succès. Un des collaborateurs de M. Rodolphe Salis se fit passer auprès du

néophyte de lettres pour M. Francisque Sarcey. Il donna au crédule éphèbe l'adresse du célèbre critique, en lui fixant un rendez-vous.

— Seulement, je dois vous prévenir, ajoutait-il, que mon secrétaire, — un vieux barbu, très gros — a la manie de se faire passer pour moi. Tapez-lui sur le ventre et dites que vous n'y coupez pas.

Le provincial alla chez M. Sarcey qui a raconté avec beaucoup de bonhomie, dans une de ses chroniques, la petite scène grotesque dont le naïf adolescent fut le héros.

Parmi ces tirailleurs volontaires et malchanceux qui voulaient faire le coup de feu pour défendre l'ingrat veau d'or, il y eut une femme entre deux âges et aussi, il paraît, entre deux convictions. Les palmes académiques avaient beaucoup tenté cette irrégulière qui s'était essayée dans des genres divers et qui n'en est pas encore à la dernière incarnation de son rêve. Le ruban violet ne s'est pas marié au bleu douteux du bas, et la *palmipète* déçue annonce qu'elle va faire de l'antisémitisme.

Les vieux imagiers qui ciselaient la pierre, jetaient avec leur fantaisie gothique, à travers les ogives de nos cathédrales, parfois d'étranges sculptures. Le Moyen âge, dans les bas-reliefs de ses temples, bien souvent bravait l'honnêteté. Il y avait, au milieu du poème de pierre, des passages de satire, et la satire était très licencieuse. Le Diable est un personnage important du grand drame religieux. Si Dieu était entouré par les vertus, le Diable avait son cercle de vices et le moine, pour ces maçons railleurs, incarnait les plus gros vices.

Dans le bas de Notre-Dame-de-Paris, du côté qui fait face à la Morgue et presque en bordure de la rue du cloître Notre-Dame, sur une pierre lépreuse, rongée, à demi enfouie sous les verdures du square adossé à la cathédrale, un sujet bizarre est sculpté. Un diable très cornu, frétillant, sert d'incube, et chiffonne, à la croupe, le froc d'un moine. Point bégueule à ce qu'il appert, le moine lutiné tourne vers l'assaillant au pied fourchu un visage satisfait.

L'entrée dans le parti catholique militant, du polémiste connu sous le pseudonyme de Léo Taxil, fait songer au moine succube et au diable obscène de Notre-Dame, — galante aventure lancée comme un blasphème par les tailleurs d'ogive. Certains individus dont on ne peut dire que leurs antécédents soient louches — ils sont trop connus et trop désavantageusement — trouvent auprès du clergé un accès, facile jusqu'à la niaiserie et indulgent jusqu'à la complicité. Il semblerait qu'on ait là une extraordinaire affinité pour ces âmes sales — et salissantes — pour ces goujateries d'hypocrites jouant

à la conversion, pour ces groins malpropres qui ont
reniflé dans tous les baquets aux ordures politiques,
y cherchant leur manger. Quelque beau jour, peut-
être, ce relaps de la vilenie désertera la sacristie où
son repentir s'était nourri. Il lèvera la patte sur la
nappe de l'autel. Le froc aura reçu quelques accrocs
du frôlement de ce démon impur. Le moine alors,
a de l'étonnement ; il vient d'apprendre, — ah !
tout-à-fait par hasard, — que le diable dont les jeux
le faisaient rire à des mœurs de la Pentapole.

Sous prétexte d'anticléricalisme, M. Léo Taxil avait
fait — ou fait faire — des opuscules d'une porno-
graphie niaise, désespérément plate, sans l'excuse
de la littérature, sans le palliatif du talent. La librairie anti-cléricale était, tout bêtement, d'un cra-
puleux à donner des nausées. Elle n'eût même pas
le mérite d'enrichir le libraire qui voyait pendre sur
sa tête la faillite de Damoclès.

Il y a des gens qui sont brûleurs d'idoles, quand
les idoles cessent d'être d'un bon rapport. M. Léo
Taxil laissa là ses bouillons pas propres, déserta la
franc-maçonnerie — à laquelle du reste il avait cessé
de plaire pour des raisons qui n'avaient rien à voir
avec le rite — et courut faire amende honorable auprès de son ancienne et sainte mère l'Eglise, en cli-
quant de l'œil du côté des troncs.

Sa conversion fut tapageuse. L'ex-libraire porno-

graphique aime le bruit qui engendre la réclame.
Dévot, il doit faire ses dévotions à des messes **en**
musique. Pour l'absolution de ses erreurs, il obtint
un bref spécial du pape. Son repentir était vaniteux.
Rien ne peut prouver qu'il soit sincère. Aux siècles
de grande foi les pécheurs qui revenaient à Dieu s'en
allaient dans la solitude des cloîtres, au milieu des
austérités de toutes sortes, expier leurs iniquités
passées. La haire et le cilice, la discipline et le jeûne,
les mortifications de la chair et de l'esprit, n'ont
point tenté le publiciste prodigue. Il a vu que le veau
était gras, dans l'Église, pour son retour; il en a profité. Il est revenu aux opuscules. Cette fois ils étaient
dirigés contre la République, contre la franc-maçonnerie, contre l'anti-cléricalisme. Le nom de
l'homme qui signait *les amours secrètes de Pie IX*
et dont les élucubrations érotiques se vendaient sous
le macferlane de la cheminée, s'étalait aux devan-
tures des librairies bien pensantes du quartier Saint-
Sulpice, entre la Somme de Thomas d'Aquin et les
miracles de Lourdes de M. Lasserre. Il avait les
approbations de nos seigneurs les évêques et arche-
vêques d'un tas d'endroits. Ce n'est peut-être pas
encore tout à fait un Père de l'Église, mais c'en est
à coup sûr un très proche parent, quelque chose
comme un neveu : un coquin de neveu pour lequel
on a des faiblesses. Il y a vraiment trop de joie dans

ce ciel-là, pour un pécheur converti ; c'est à en dé-
goûter les 99 justes !

M. Drumont qui est catholique ne manqua pas de
tomber dans cet attendrissement. Tout en fouaillant
Israël, il bénit M. Léo Taxil de sa dextre pieuse. La
bénédiction tombait mal. Pourtant cette page est
curieuse à citer, surtout depuis la posture nouvelle
prise vis-à-vis de l'antisémitisme par le blasphé-
mateur pénitent.

« Supérieur par le caractère à Renan, Léo Taxil,
» du moins, a su s'arracher à ces fanges. Il a eu
» honte d'être l'homme des Juifs et il a bravé leurs
» colères en se séparant d'eux. Ce sont les Juifs et
» les francs-maçons, il le reconnait lui-même, qui
» l'avaient conduit dans la voie où il était ; ce sont les
» juifs qui l'appuyaient, le préservaient de tout ris-
» que, lui garantissaient qu'il pouvait tout oser sans
» danger. C'est le Juif Strauss qui a été le premier
» éditeur de Léo Taxil, c'est ce nom que l'on trouve
» au bas de la première édition d'*A bas la calotte !*
» C'est Mayer qui donne en prime le *Manuel des*
» *Confesseurs*, qui proteste lorsque les honnêtes gens
» indignés arrachent des murailles les affiches im-
» mondes annonçant les *amours secrètes de Pie IX*.
» C'est Benoît-Lévy qui défend Léo Taxil poursuivi,
» à propos de ces *Billets de la Sainte Farce...* »

Si ce repenti ne s'administre pas la discipline, il sait fort bien l'administrer aux autres, et d'une main dure. Il a fait pénitence tout récemment sur le dos de M. Drumont. Théologien fougueux, il écrase le catholique antisémite sous le poids de ses invectives et l'amas des textes sacrés qu'il cite, maniant d'ailleurs l'exégèse avec aisance et la dialectique avec désinvolture. Mais il ne s'en tient pas là ; il excommunie. M. Léo Taxil qui assume la police du giron de l'Eglise, en fait sortir M. Drumont. Il donne à comprendre qu'il est commissionné pour cela, et il brandit le bref pontifical qui l'autorise à être grossier pour le service de l'Eglise. Le pape est le vicaire du Christ, mais M. Léo Taxil est une manière de sous-vicaire du pape. Il ne s'est pas contenté de baiser sa mule ; il l'a prise et s'en sert pour taper sur les ouailles qui ne marchent pas droit.

Canoniquement, ce fort en gueule qui a passé du service des lupanars à celui des sacristies, défend que l'on attaque Israël. Il malmène fortement leur ennemi. Pourtant, il sait couvrir sa retraite, en donnant la voix, pour faire croire qu'il se bat, tandis qu'il ne fait que crier, esquivant les coups matériels qui lui font horreur. Bien qu'il eût annoncé sa candidature conservatrice et catholique contre M. Drumont, il n'osa affronter les semelles contondantes qui l'attendaient dans les réunions ; il se contenta de la controverse platonique collée sur les murs.

Sa conférence philosémite aux Capucines, avec projections sur Jeanne d'Arc, fut navrante de solitude. « Messieurs et chères banquettes ! » aurait-il pu dire comme préambule. Il s'était fait une salle de bedeaux amis et avait suspendu les services de presse. La peur de voir venir des francs-maçons, ou des catholiques ayant quelque pudeur, lui tortillait les entrailles.

Nous avons vu tout à l'heure ce que M. Drumont disait de l'appui donné par les Juifs au Léo Taxil de l'ancienne manière. Il ne semble pas qu'en sa nouvelle forme il ait renoncé à cet appui. Il a peut-être lâché seulement la petite Juiverie des Strauss, des Mayer et des Benoit-Lévy, pour travailler dans la grande. Le livre de M. Léo Taxil sur M. Drumont et son œuvre contient la flagornerie banale, les lieux communs habituels, à l'adresse du financier philantrope et de son épouse, l'hébraïque mère des pauvres. Leurs œuvres pies si méritoires sont mises en vedette avec les plus laudatifs détails. L'on sent que M. Léo Taxil n'a pas voulu rester condamné pour toujours à ces billets de Sainte Farce dont il fut le subtil inventeur. Cette courageuse apologie de la haute banque, cette généreuse défense des agioteurs enrichis a été publiée par un libraire catholique dans une collection qui est sous le patronage de S. Michel.

L'archange au glaive flamboyant a cessé de terrasser le diable. Il l'édite. Mais le diable a d'offensifs retours. M. Léo Taxil fait dit-on un procès à de pieux éditeurs, Messieurs Letouzé et Ané qu'il accuse de l'avoir *mis dedans*. Ces bibliopoles ecclésiastiques auraient selon lui frauduleusement tiré, des œuvres de M. Léo Taxil, plus d'exemplaires qu'il n'en a été payé par eux à l'auteur. Cela prouve, dans tous les cas, que la vente va bien. Ce serait comme pour la dame de Montsoreau au sujet de laquelle Alexandre Dumas a fait un procès à Messieurs Calmann Lévy pour un tirage frauduleux de 22,000. Juifs et catholiques, dans la librairie, peuvent donc marcher de pair. Il y aurait, peut-être moins de rapacité éditoriale chez les Juifs. Je connais un écrivain de valeur qui a publié des études historiques dans une grande maison d'édition placée sous le vocable d'un saint. Les éditeurs lui firent payer, *au prix fort*, un exemplaire de son livre qu'il voulut avoir, pour le garder. M. Drumont cite, dans *La Dernière Bataille*, une lésinerie semblable de Messieurs Ané et Letouzé qui, décidément, n'attachent pas leurs auteurs avec des saucisses. M. Drumont ajoute que, certainement, Messieurs Calmann Lévy eussent été moins Juifs.

Il est curieux, du reste, de voir tout ce qu'il y a
de Juifs dans les alentours de l'Eglise — sans parler
de ceux qui sont entrés dedans. — C'est comme autrefois, quand le Ghetto se mettait à l'ombre de la
cathédrale, et sous sa protection. Rien n'est pittoresque, sous ce rapport, — on pourrait dire para-
doxal — comme le quartier Saint-Sulpice. A des de-
vantures que surmontent des noms juifs, s'étalent des
chasubles et des chapes rutilantes, des ostensoirs et
des ciboires qui étincellent, des châsses de saints,
des crosses d'évêques et des icones de couleurs variées. Peut-on, avec toutes ces choses, maudire le
Juif qui vous les a fournies ? C'est impossible. Et l'on
peut croire que le Juif, pour vous en empêcher, mettrait, dans les articles pieux qu'il vous vend, de ces
sortiléges dont sa Kabale lui fournit le secret, —
dit-on. — Il envoûterait le Sacré-Cœur !

L'annuaire du clergé — un petit livre qui porte
le nom, l'adresse et la promotion de tous les curés
de France — est bourré d'annonces juives. Ce sont
des maisons de finances, — placements sûrs à gros
dividendes — des agences pour l'achat des messes,
des chasubleries et fabriques de ces *simulacra gen-
tium* dont je viens de parler. Un commerçant du
bordelais, dont le nom est juif comme tout le Pentateuque réuni prône son vin spécial pour la messe,
garanti pur — du vin *Kasher*, quoi ! — Voici une

vraie trouvaille : « *Dents à crédit pour Messieurs les ecclésiastiques.* » Le négociant qui a eu cette idée géniale porte encore un nom hébreu.

Dans l'Église on pourrait dire que le Juif est partout et que tout est **Juif**.

Et nous vivons plongés dans son ubiquité.

L'on voit d'ici le bon curé disant sa messe — à vingt sols pour une agence juive qui la revendra trois francs — avec des ornements sacerdotaux et des vases sacrés vendus par les Juifs, devant des images sorties d'une manufacture juive. Il consacre comme sang de Jésus-Christ le produit tinctorial qu'un Israélite lui fournit, et mange l'hostie avec de fausses dents que lui a vendues, à crédit, un hébreu dont l'aïeul a peut-être crié, en grinçant des dents, — de vraies dents — sur le passage de Jésus : « *Tolle ! Tolle ! crucifige eum !* »

Un des plus laids d'entre les Juifs, feu Adolphe Crémieux, a son portrait dans une église et son nom gravé sur un ciboire. Du moins Eugène de Mirecourt l'affirme.

« La commune de Lunel, entre Nîmes et Mont-
» pellier, avait un procès à soutenir pour son église.
» M. Crémieux se charge de la cause, gagne en ins-

» tance, gagne en appel, et consacre ses honoraires
» à l'achat d'un saint ciboire qu'il expédie aux bra-
» ves habitants de ce chef-lieu de canton. Ceux-ci,
» touchés de reconnaissance, font graver le nom de
» M. Crémieux, sur le saint ciboire. Puis, voulant
» perpétuer le souvenir de leur bienfaiteur, ils achè-
» tent son image et la placent dans l'église même,
» entre celles de Jésus-Christ et de Saint Joseph. »

Que de Juifs ! Que de Juifs !

Je connais un bon catholique qui a voulu faire
passer une annonce anti-Juive dans le journal *la
Croix* ; on n'en a pas voulu. Dans ce journal où la
crucifixion est représentée sur le titre, c'est un Juif,
— pas même converti — qui est chargé de la publicité.

Si le Christ revenait, les Juifs le cloueraient encore, peut-être, sur la croix, mais avec des affiches,
cette fois : — le Messie sandwich !

III

La cuisine d'une élection est bien faite pour inspirer une répugnance profonde aux hommes qui ont le
sentiment délicat. Le travailleur de la pensée, l'artiste de la chose écrite, celui qui aime le labeur où
l'on se confine en des gestations d'idées, des partu-
ritions de forme, se sent pris, quand il est entré dans
la saturnale du suffrage universel par le dégoût et
la lassitude.

Il doit renoncer au repos d'âme dans lequel il
berçait amoureusement son travail, à ce choix dis-
cret de ses fréquentations qui était une des plus ap-
préciables jouissances de sa vie, à la liberté de ses
heures, à tout ce qu'il aimait en somme. Une can-

didature, pour lui, c'est un anéantissement, une dure pénitence. Il n'a plus son libre arbitre ; son moi est confisqué sans qu'il sache, souvent, au profit de qui ni de quoi. On l'extrait de ce « *parva domus, magna quies* » qui était son rêve. Sa maison devient un carrefour, bien mal hanté, des fois, sans qu'il y puisse rien faire.

Et il n'est plus de repos pour lui. « Il n'y a pas de repos pour l'impie » a dit l'Écriture. « Ni pour le candidat ! » pourrait-on ajouter. A toute heure, un tas de gens le viennent voir, qui n'essuient pas leurs semelles au paillasson, et qui lui soufflent au nez leurs haleines où passent, rancies, des flaveurs d'alcools mauvais. Et il ne peut pas les éconduire, bien qu'il ne sache en réalité, ni ce qu'il sont, ni ce qu'ils font.

D'ailleurs, il n'y a pas besoin de chercher ; ils ne sont rien et ils ne font rien. Ce sont les parasites du suffrage, les irréguliers de la politique : courtiers électoraux, maquignons de votes, agents louches de popularité, souvent, par cumul, inscrits encore au dispensaire de la Sûreté ; tous les *comiteux*, tous les agitateurs qui se louent à la soirée.

C'est le déclassé, le *m'as-tu vu ?* de réunion publique qui a traîné sa réthorique de raté par tous les partis — à l'office, — un Delobelle oratoire qui a eu des succès, à l'absinthe, où il refait le même discours entre les soucoupes qui montent, payées par les *gobeurs*.

C'est l'ouvrier qui *n'ouvre* pas et qui pérore dans le *far-niente* bavard des éternels lundis.

Ils ont — tous ces gens — des influences à vendre, des voix à placer. Cela commence, en insinuation, par le billet de mille ou de cinq cents destiné à subventionner un hypothétique journal. On se libère de l'assaut par le louis arraché à la lassitude. Mais l'on se console en sachant que l'adversaire, lui non plus, n'échappe pas à cet impôt levé par les mêmes percepteurs.

C'est le régiment du Royal Tapeur qui passe.

Il a fallu à M. Drumont un réel courage et un dévouement absolu à sa cause, pour qu'il consentit à subir ces petites et agaçantes misères de la candidature, à sacrifier son temps, sa bonne paix libre d'écrivain, et, aussi quelques banknotes amassées par sa probité économe et laborieuse de fourmi de la plume.

Socialiste hargneux à force d'être sincère — révolutionnaire on peut dire — M. Drumont a conservé par l'atavisme de sa bonne vieille souche bourgeoise, un amour particulier et une vénération pour la royauté, la noblesse et l'Église. Comme beaucoup de passions sincères, celle-là est malheureuse. Elle l'empêche bien souvent d'y voir clair. Il suffit que l'on soit allé aux croisades, pour qu'il admire, et c'est assez que l'on ait un titre pour que l'on soit allé aux croisades, quand bien même ce titre aurait été gagné avec les faucons, sous Louis XIII.

En politique, le même mirage est cause qu'il s'égare. La candidature au conseil municipal dans le VIIe arrondissement, quartier du Gros-Caillou, lui est offerte par un comité conservateur. Il marche au signal de ces gens dont il a si fortement, et à maintes reprises, stigmatisé l'indifférence lâche et l'égoïsme induré. Il a peut-être encore une illusion, ou il tente une dernière épreuve.

Royaliste, il oublie que le royaliste n'est plus qu'une sorte de Jacobin de droite, à l'esprit étroit, sectaire, et suffisamment content si on le laisse jouir, dans la limite de ses aspirations, qui ne sont ni hautes ni larges.

Catholique, il ne voit pas, où il ne veut pas voir que le clérical a une marche oblique, que toute idée généreuse l'effarouche parce qu'elle est nouvelle, et qu'il s'aimante vers l'or, oscillant entre le boulangisme qui lui est commode pour faire de l'opposition effective et le royalisme pur, démodé, impossible, qui lui sert pour sa platonique formule de « souvenirs et regrets. »

M. Drumont se jette dans la mêlée sans s'inquiéter
d'être suivi, car ses lanceurs sont rentrés dans leurs
tranquilles demeures, où ils tiennent, peut-être, de
bien occultes conseils de guerre. Qui sait même si
ceux qui sont restés sur la montagne, à prier, ne
font point des oraisons pour l'investi boulangiste?

Le lettré délicat qu'est M. Drumont a souffert de
cette période électorale comme le solitaire qu'on
aurait arraché à sa Thébaïde pour le jeter dans un
sabbat échevelé. On le voit aux prises avec le 7me
Tapeurs, obligé, par surcroît, d'écouter les sornettes
qu'on veut lui faire payer. Et puis il faut parler,
contradictoirement, dans le bruit, devant des gens
que l'on ne connaît pas. Homme de l'idée développée par le livre, M. Drumont n'est pas l'homme qui
parle par métier, avec des redondances sonores, en
des phrases qui ronflent pour cacher un vide de
pensée. L'affiche qu'il pose au début de sa campagne électorale et qu'il envoie, un peu développée,
à ses électeurs, fera le fond de tous ses discours.
C'est là, peut-être, moins un exposé de doctrine
qu'un pamphlet, mais l'attaque est toujours vigoureuse et il y a plus de talent dans la forme qu'il n'en
est généralement dépensé pour cette sorte d'ouvrage. C'est sans doute un peu long, mais M. Drumont est myope; en fait d'affiches, il ne voit que le
double-colombier. C'est trop grand pour le mur et

aussi pour le livre ; nous y ferons, à regret, de larges coupures.

« Électeurs,

« En me présentant comme candidat aux élec-
» tions municipales, je n'ai pas voulu d'intermé-
» diaire entre nous et je ne suis appuyé par aucun Co-
» mité. Ma vie s'est passée sous le regard de tous.
» J'habite le quartier du Gros-Caillou depuis quinze
» ans. C'est dans le modeste logis où avait longtemps
» travaillé l'écrivain pauvre que le succès est venu
» trouver l'auteur de la *France juive*, celui qui, à
» défaut d'autre mérite, avait eu le courage de dé-
» masquer et de flétrir les princes de la Juiverie,
» les accapareurs, et les voleurs de la Haute Banque.
» Je sais que, cette fois encore, je dois m'attendre
» à des attaques acharnées. La rue Laffite et la place
» Beauvau iront fraterniser rue de Jérusalem — ce
» qui est de circonstance puisqu'il s'agit de la Jui-
» verie — et leurs agents, selon leur système pour
» égarer l'opinion, s'efforceront de dénaturer ma
» pensée et de travestir mes idées. On vous dira que
» notre campagne contre la Juiverie tripoteuse est
» une campagne religieuse. Ceci est absolument
» faux. J'ai mis cent fois les Juifs en demeure de citer

» dans mes livres une attaque contre un de leurs
» rabbins ou contre une cérémonie de leur culte. Ils
» n'ont jamais pu le faire. Ce qui est vrai, c'est que
» la Presse juive, avec son astuce accoutumé, s'est
» efforcée de déplacer le terrain du débat et de
» transformer en une question confessionnelle une
» question exclusivement économique et sociale.
» C'est là, d'ailleurs, la tactique ordinaire des
» Sémites; hors d'état de répondre à ce que nous
» leur disions, ils ont trouvé plus simple de réfuter
» bruyamment et avec une indignation simulée ce
» que nous n'avions jamais dit. Au nom de mes
» droits de citoyen j'ai pu attaquer l'organisateur
» d'accaparements monstrueux, le banquier de la
» Triple Alliance, je n'ai jamais écrit une ligne
» qui pût blesser dans sa foi le dernier des Juifs de
» Galicie. Il y a un roi en France, c'est Roths-
» child; il donne au gouvernement des ordres tou-
» jours obéis; la magistrature s'incline devant lui.
» Vous avez vu, pendant un an, les poursuites
» contre les administrateurs du Comptoir d'Escompte
» tenues en suspens par la volonté du tout-puissant
» baron. Comme un féodal d'autrefois, Rothschild
» a sur nous le droit de vie ou de mort. Qui de
» vous n'a lu avec un serrement de cœur l'histoire
» de ce malheureux sur lequel, le 27 mars dernier,
» on a tiré impitoyablement parce qu'il s'était intro-

» duit dans la propriété de M. de Rothschild à Bou-
» logne ? L'homme était sans travail, les siens avaient
» faim, et la nuit, il se glissa dans le parc seigneu-
» rial pour y cueillir des feuilles de magnolias qui
» se vendent quelques sous aux Halles. Vous voyez
» le contraste d'ici. Voilà des étrangers qui, sortis
» d'une Judengasse de Francfort, ont réussi à pren-
» dre trois milliards aux Français. Ils ont ramassé
» sur notre sol une gerbe d'épis d'or si lourde que
» leurs bras ne la peuvent étreindre. Ils ont tout,
» ils peuvent satisfaire leurs fantaisies les plus ex-
» travagantes, ils peuvent acheter tout ce qui leur
» fait envie, les chefs-d'œuvre de l'art, les merveilles
» du passé, les filles les plus jeunes et les minis-
» tres les plus vieux. Franchement, quand on a
» tout cela, est-ce qu'on ne devrait pas être indul-
» gent pour le pauvre hère, pour le traîne-misère
» qui se permet de dérober quelques fleurs poussées
» sous le soleil de la France ? Non. La consigne
» est formelle ; le garde était sûr de faire plaisir à
» Rothschild et d'avoir une bonne récompense en
» tuant « un chien de Français. » Il fit feu et le
» Français s'abattit en râlant et il expira bientôt,
» en tenant encore, dans sa main crispée par l'a-
» gonie, la touffe de fleurs sur laquelle il comptait
» pour faire manger les siens le lendemain. Nous
» voulons : la *France aux Français !* Nous voulons

» briser cette féodalité nouvelle aussi brutale mais
» plus lâche que l'ancienne, cette féodalité de l'or
» qui est pire que la féodalité du fer ! Nous vou-
» lons qu'on nous rende des comptes ! Nous vou-
» lons la réunion d'une Chambre de Justice qui
» juge les opérations exécutées depuis cinquante
» ans par les chefs de la Haute Banque internatio-
» nale et qui fasse restituer à la collectivité ce qui
» a été volé ! Vous me permettrez d'ajouter un mot
» tout personnel à ces considérations que m'inspire
» mon zèle pour le bien public et vous me par-
» donnerez, j'en suis sûr, de vous parler comme un
» homme libre a le droit de parler à des hommes
» libres. Je suis né à Paris, j'aime Paris, j'ai écrit
» beaucoup sur Paris et ce me serait une grande
» joie de représenter au Conseil municipal le
» quartier que j'habite depuis de longues années.
» Je ne suis pas cependant un de ces politiciens
» de profession qui ont fait de la politique leur car-
» rière, un de ces hommes comme les Ferry, les
» Floquet, les Brisson, les Goblet, les Clémenceau
» qui seraient restés toute leur vie des avocats sans
» causes ou des médecins sans malades si leur habi-
» leté à tromper le peuple n'avait pas fait d'eux des
» chefs de parti ou des ministres. J'ai conquis la
» notoriété avec mes études sur l'histoire sociale
» qui se tirent à cent mille exemplaires et qui sont

» traduites dans toutes les langues. Les gens dont
» je vous parle, ne seraient plus rien s'ils n'étaient
» pas députés. Laissez-moi vous le dire, avec la
» légitime fierté permise à l'écrivain qui s'est fait
» un nom par son travail, même si vos suffrages ne
» font pas de moi un conseiller municipal il n'en
» restera pas moins acquis que j'ai consacré mes
» efforts au salut de mon pays et de mes compa-
» triotes. »

. . . .

Malheureusement pour M. Drumont et aussi pour
l'idée qu'il représente d'une façon si remarquable,
les livres qui se tirent à cent mille exemplaires n'ont
pas d'action sur le suffrage universel, roi moderne
mais qui, j'en ai bien peur, ainsi que les seigneurs
de jadis, ne sait pas lire ! Et comme le César-Né-
ron... *Nescit litteras.*

Une des épreuves les plus ennuyeuses, pour un
candidat nouveau dans le métier, c'est incontestablement la réunion publique. Les ressources imprévues du hasard pourront le sauver, seules, car il ne
doit compter sur rien ; ni sur la rhétorique polie et
repolie le soir à la lampe, ni sur les douteuses al-
liances conclues après de diplomatiques pourparlers
et qui pourront le lâcher, au premier signe de fai-

blissement, ou arriver trop tard comme Grou-
chy.

Une repartie habile, subite, le tirera d'affaire,
comme une interruption qu'on n'attend pas — bête,
quelconque, mais qui porte, dans la salle — le cou-
lera tout à fait.

Le public est réuni : des gens venus là, beaucoup,
pour faire du bruit, après boire, en fumant, raffinés
éclectiques du tumulte ; des adversaires déterminés
à ne pas laisser parler le candidat qui n'est pas le
leur; les amis, la claque volontaire, qui applaudit à
tout propos, même hors de propos et juge, tranquille, assise — *suave mari magno* — que l'homme
s'agitant dans ce maélstrom humain n'est pas, ce
soir, en possession de tous ses moyens ; enfin, la
presse — si la réunion est importante — semble
marquer les coups, prenant des notes, préparant
des commentaires suivant la nuance du journal.

On forme le bureau. Il y a toujours une cabale —
au moins une — dans la salle. On crie, de part et
d'autre, des noms de citoyens très connus dans le
quartier et qui ont des partisans au milieu de l'assistance. Les noms jetés sautent, volent, se heurtent
avec des mains levées, des altercations — déjà — qui
font dire « la soirée sera chaude ».

Après quelques minutes de ce *lawn-tennis* nomi-
natif, les citoyens désignés gravissent l'estrade, très

dignes, convaincus de la grandeur de leur mission — un sacerdoce dont ils sont fiers.

Le président ouvre la séance par un *introït* de sonnette. Il fait très chaud, sous le gaz, avec des senteurs : haleines variées, transpirations âcres, rinçures d'estaminet.

Les orateurs inscrits pour parler ont la parole. Et ils parlent. C'est terrible. Tous les Pélions de la vulgarité s'entassent sur tous les Ossas du lieu commun. Qui est-ce qui a donc écrit ceci : « au jugement dernier nous rendrons compte de toute parole inutile. » Dieu que tous ces gens-là seront sévèrement jugés !

Mais la parole est à M. Drumont, et un grand mouvement d'attention se produit, avec des crachements, des toux, des chaises remuées, comme dans les églises quand le prédicateur en renom vient d'apparaître au milieu de la chaire. Malgré son attachement à toute l'ânerie des vieilles formules, le public sait qu'on va lui dire des choses neuves et qui le feront regimber, peut-être, et il se recueille, intéressé par l'inédit promis.

M. Drumont est écouté, bien qu'il ne soit pas du tout l'orateur de ce genre de milieux. Il ne s'est exercé ni dans les conférences Molé, ni dans les loges maçonniques, à la rhétorique de clinquant qui sert de miroir aux alouettes électoral. Il dit ce qu'il pense, comme il le pense et l'a écrit, d'une façon droite, très courageuse, sans voir les à-côté de la politique, les précautions du débat.

Pendant qu'il parle, sa figure est curieuse à étudier. Ses lunettes ne l'ont point quitté, mais on voit, sous le vitrage, ses yeux qui s'animent. Il rappelle à Israël toutes ses iniquités dont le nombre va croissant. Son geste, lancé en avant, a comme une allure de malédiction et — tels que des cornes — ses cheveux longs, soulevés de chaque côté de sa tête secouée, lui donnent l'air de Moïse descendant du Sinaï, et se fâchant, à voir les Juifs dansant la danse du ventre autour du veau d'or.

De l'indignation il passe à l'apitoiement, à la mélancolie, à l'holocauste de soi-même. Ses bras levés au ciel, comme cloués, — tandis que sa tête à la chevelure qui pleure, s'incline sur son épaule, — le font ressembler à un vieux Christ janséniste. Mais il se reprend, et, le chef dressé, un bras étendu, le poing fermé, l'autre sur la hanche, il n'a plus ni colères ni tristesses. C'est le geste du commandement violent, de la justice enfin qui s'exécute. Il n'est plus possible de voir dans cet homme à l'allure déterminée, au verbe impérieux, le professeur d'hébreu dont nous parlait M. Abraham Dreyfus. Non! M. Drumont ne ressemble plus à sa caricature judaïque. Écoutons-le!..... On dirait, par instants, un de ces

Nabi venus d'Orient à Jérusalem et qui, rageurs,
clamaient, dans le Temple, leurs dures vérités aux
Rois d'Israël et à leur peuple.

« Les exploiteurs et les voleurs qui ont semé de
» ruines ce pays trop confiant et trop bon, sont des
» malfaiteurs qui méritent d'être châtiés. Ils seront
» jugés, et, s'ils sont reconnus coupables, ils seront
» exécutés. Il y a un homme qui a manqué aux
» lois de la fraternité, un homme qui a été Caïn.
» Ce n'est plus le Caïn vivant au milieu des fauves
» dans la sauvagerie des premier âges du monde,
» Caïn vêtu de peau de bêtes; c'est Caïn vêtu en
» gentleman, Caïn miliardaire et baron. C'est Caïn
» doublement homicide, c'est Caïn sans excuses... »

Il ne peut s'empêcher de trouver que le bon vieux
temps avait ses avantages et son discours se dra-
matise, comme son geste : une période de cape et
d'épée.

« Si la France a pu se constituer comme nation,
» c'est que par intervalles on y voyait apparaître des
» lueurs de justice. Les rois d'autrefois ne toléraient
» ni les prévaricateurs, ni les voleurs. La foule, de
» temps en temps, voyait passer un tombereau qui
» qui s'en allait vers le gibet de Montfaucon. Dans le

» tombereau un homme était en chemise, les mains
» derrière le dos, suant la peur. C'était la veille,
» un contrôleur général, un financier étalant cyni-
» quement sa fortune volée, c'était Enguerrand de
» Marigny ou Semblançay. Laissez moi vous rap-
» peler un souvenir... Le 5 septembre 1661, un
» homme sortait du cabinet de Louis XIV, au châ-
» teau de Nantes; il était arrogant et superbe, il
» portait fièrement le justaucorps de velours et les
» canons de dentelles; il marchait au milieu des gé-
» nuflexions ; les plus qualifiés s'inclinaient quand
» il passait, et chacun mendiait de lui un sourire.
» Soudain un petit lieutenant aux gardes fendit la
» foule et joua des coudes pour s'approcher de
» l'homme. « Tiens ! se dit-on, d'Artagnan à quel-
» que grâce à demander à Monsieur le surinten-
» dant. » Le lieutenant des gardes mit la main sur
» l'épaule de l'homme et lui dit : « Au nom du roi,
» Monsieur de Fouquet, vous êtes mon prisonnier.»

Quand la *Tour de Nesle* ou *les Trois Mousquetaires*
nous sont contés, nous y prenons toujours un plaisir
extrême. Et M. Drumont qui est un romantique impé-
nitent nous les conte fort bien. Mais est-il bien sûr
que d'Artagnan ait fait là le bonheur du peuple. La
Dime royale écrite à une époque où Fouquet ne
faisait plus de finances ne nous montre pas le peuple

comme particulièrement heureux. Et pourtant Vauban n'est ni un Juif ni un Jacobin.

M. Drumont s'est rassis pendant qu'un remous se fait dans la salle, après son attention étonnée, et qu'elle se reprend, au milieu du bruit, avant que d'autres ne parlent. Les orateurs sont bien grandiloquents — et longiloquents donc! — surtout pour qui est sur l'estrade et ne peut sortir, quelque envie qu'il en ait, pour aller rejoindre un fiacre qui attend au dehors, imprudemment engagé à l'heure.

Il y a presque toujours un intermède comique, le citoyen rigolo qui vient dérider la salle en traduisant par des mots d'argot, — avec un pittoresque d'expressions très imprévues, certaines audaces drôles des images — les revendications sociales, les programmes politiques qui font l'objet de la réunion. On s'en amuse et l'on applaudit, comme au café-concert, mais ce discours imagé, aux métaphores égayantes, ne porte pas plus que le couplet qui fait rire un instant. Le peuple aime, pour les choses sérieuses, qu'on lui parle sérieusement et que l'on ait à son égard du respect, dans la tenue et dans le langage. D'autres orateurs viennent, les pompeux, les vides qui n'en finissent pas, les criards, les mielleux, les exaltés qui demandent sang et carnage tout de suite, et le méridional qui vient affirmer, dans un tonitruement, qu'il est du midi. On s'en doutait.

Pour passer le temps en attendant que le flux parleur fût écoulé, un mien ami considérait la main de M. Drumont.

Les deux hommes étaient assis côte à côte, et la main en question pendait inerte, — de la fatigue sans doute — la paume au dehors.

Mon ami est un adepte de ces sciences auxquelles ceux qui s'y livrent accolent l'épithète de maudites. Il tire un horoscope et les cartes comme pas un et lit dans la main à livre ouvert. Autrefois on l'eût appelé magicien. Aujourd'hui, il s'appelle un mage, ce qui est plus distingué, plus archaïque : en un mot, plus moderne.

Voici ce qu'il a trouvé dans la main de M. Drumont. Et encore, j'abrège.

Les doigts sont allongés avec tendance à rentrer en dedans, ce qui est l'indice de l'aptitude à prendre, à s'assimiler les choses. L'index long marque la médisance. Le mont de Saturne est le plus développé ; M. Drumont est un homme Saturnien, éminemment un être de destinée. Le mont de Vénus est aplati ; nous n'avons donc pas affaire ici, suivant son expression, à *un vénusiaque noir de la plus dangereuse espèce.* Mars est suffisamment développé : c'est, bien certainement, un combattif. Le mont de Jupiter (la gloire, le succès) est proéminent, mais il est malheureusement barré par des grilles venant de la ligne de tête (des inspirations fâcheuses ; l'élection du Gros-Caillou...) Comme Vénus, Mercure est aplati : ni amour ni commerce. Le mont de la lune, bien développé, marque l'imagination s'exerçant sur un fait acquis : un être lumineux, mais lumineux par reflet. La ligne de tête est fourchue, ce qui dénonce un ironique : une croix relie cette ligne à la ligne de cœur, ce qui est un mauvais signe — un insuccès final peut-être — d'autant plus qu'une étoile à trois pointes, indice de mort violente, unit la ligne de vie et la Saturnienne. La ligne de cœur se replie sur la ligne de vie entre Jupiter et Saturne, ce qui marque une affection de soi-même et une préoccupation de sa destinée, très grandes, et un soin constant de sa propre gloire. Mon ami m'en avait dit beaucoup plus, mais j'ai oublié. Seulement je trouve que c'est un peu comme le *Bel-Men* du Bourgeois gentilhomme. En peu de chose, c'est beaucoup de choses : *Multa paucis !...* Mais la séance s'achève et l'on fuit, heureux, toutes ces banalités tumultueuses, toutes ces sueurs, tandis que dans un dernier brouhaha des gens très convaincus votent des ordres du jour.

Oh ! ces votes de réunions publiques qui ne signifient rien, comme ils y tiennent ces grands enfants qui jouent si sérieusement au parlementarisme ! Je me rappellerai longtemps un meeting de 25 à 30 personnes, dans la salle du premier au-dessus d'un café, et où l'ont mit aux voix... la suppression de la présidence de la république. Elle fut votée à une grosse majorité. Je rencontre quelquefois de braves gens qui votèrent cette motion révolutionnaire et qui n'en vont pas moins à un bureau ou à un magasin, exacts, probes, impeccables, intelligents aussi quant à leurs affaires. Cependant sur leurs figures placides il n'y aucun rire d'augure. Ils sont sincères hélas ! et c'est à ces instincts que vient abandonner sa vie, son œuvre, tout, tout, l'homme de talent, l'artiste ironique et délicat qui a une grande pensée dans la tête, qui a peiné pour elle et va souffrir bien plus dans ce dernier martyre : chrétien livré aux bêtes.

IV

Au flanc du coteau fameux que couronne l'architecture néo-byzantine du Sacré-Cœur, à mi-chemin
entre le moulin de la galette et le moulin rouge —
deux moulins où il ne se moud que du plaisir — dans
une maison très blanche, bien en soleil, et gaie, ha-
bitent, — cohabitent l'on pourrait dire, bien qu'ils
occupent des étages différents — M. Jacques de
Biez et la ligue dont il est le délégué général.

Une physionomie franche, ouverte, très sympathique, une figure bien parisienne, dirais-je, si je
ne craignais de me servir de cette expresssion banale à vous en décourager, si mal portée souvent,
en parlant de l'homme si peu banal et si droit, si

désintéressé et si intéressant à connaître qu'est M. de Biez.

C'est un républicain et c'est un croyant. Mais son républicanisme, comme sa croyance, sont de nature spéciales et méritent que l'on s'arrête à les étudier. Il a tenu un rang fort honorable dans la presse républicaine et nombre d'hommes qui sont aujourd'hui du côté de ses adversaires furent ses amis, et,— j'ajouterai presque — ils le sont bien un peu encore. Tout au moins, à défaut d'amitié, ils ont gardé pour lui l'estime, ces hommes de l'autre camp. Car ils sont bien séparés à présent, les deux camps! Cependant l'ancien rédacteur du *Paris de la France*, l'ex-secrétaire de la rédaction de la *République Française* n'est point devenu réactionnaire. Il est antisémite ce qui est différent, bien que l'on ait affecté de confondre. C'est aussi un catholique, mais à sa manière, pas très pratiquant, j'imagine, avec des idées qui lui sont propres, flairant le fagot au point de vue du dogme. S'il veut éliminer le Juif de la France et l'expulser de la République il tient à le chasser de l'Eglise.

— Et Jésus-Christ qu'en faites-vous? lui crie un interrupteur.

Cette objection ne le gêne aucunement.

— Dans tous les cas je n'en fais pas un Juif!

Il a sur le Christ Aryen une théorie curieuse — hérésiarque et paradoxale en diable — que désavouerait le Larousse et que condamneraient les théologiens. L'autorité des livres saints ne fait pas obstacle à ce croyant : ce sont des textes juifs.

M. de Biez n'est plus le cénobite du livre que nous avons vu en M. Drumont ; c'est, plutôt, le batailleur de l'idée.

Fort, bien campé, les cheveux plantés droits sur la tête, les moustaches en croc, la barbe en pointe d'un blond un peu fauve, avec des yeux clairs très doux, M. de Biez porte bien le signe de la race d'ici... « ceux du sang de France » comme il aime à le dire. Il en a le courage, la générosité chevaleresque et aussi, un peu, l'aptitude aux illusions. Mais, là où il n'y a pas d'illusion, là où le rêve manque, est-ce qu'il s'est jamais fait quelque chose ?

M. de Biez a une merveilleuse activité de rêve et il la traduit d'une façon qui captive vraiment. Il a la séduction de quelqu'un de très vieux, — un reste d'un autre âge — mais qui serait devenu délicieusement moderne, en des raffinements de forme, des délicatesses de la pensée, mises, comme un vernis, sur la violence guerroyeuse d'antan : quelque chose comme un preux qui aurait survécu et serait, à présent, un artiste. M. de Biez a écrit des livres sur l'art et de bien jolis articles de critique.

Mais l'artiste ne laisse point sommeiller l'homme de combat. Et cette dernière posture est celle qui convient le mieux à l'esprit batailleur de **M. de Biez.** Contre l'ennemi dont il voit l'invasion croissante, il voudrait lutter autrement que par l'arme du livre, trop platonique à son gré. Les meilleurs coups sont encore ceux qui tuent un homme. Son idéal serait d'être un Charles Martel pour les Sarrasins de l'agiotage et de l'accaparement. Il irait avec enthousiasme à Poitiers combattre les infidèles.

Bien qu'il soit toujours resté un indépendant, — les gens de son tempérament ne se mettent pas en chartre privée — **M. de Biez** accourut des premiers se ranger sous l'étendard que venait de lever l'auteur de la France Juive. En dédiant son livre « *La question Juive* » à **M. Drumont,** il s'enrôle dans l'antisémitisme, par cette lettre qui dépeint tout une nature d'âme : esprit d'en avant, caractère de primesaut.

« Monsieur et cher confrère, vous avez sonné le
« boute-selle pour nous conduire au feu. Me voici !
« Vous montez un cheval blanc. Je monte un che-
« val rouge. Vous êtes catholique. Je suis républi-
« cain. N'importe, nous sommes français tous deux.
« Abaissons notre visière et en avant ? Le pays nous
« aide ! et que la France nous ait en sa sainte
« garde... »

Son premier chapitre se résume dans son titre :
« La République ne sera pas Juive. »

Mais si M. Drumont à travers son catholicisme
est un ironique, c'est-à-dire une façon de désespéré,
l'homme des dernières batailles, l'écrivain des choses
qui finissent, tout autre est le valeureux satellite qui
vient de se joindre à lui. Il y a ici une interversion
tout à fait particulière. Le républicain est un mystique. Il a l'espoir du bien et la foi dans les résurrec-
tions à venir. Ce serait plutôt le combattant des
prochaines batailles. Il a résumé ses visions d'avenir meilleur, tout son optimisme rêvé, dans un article qu'il donnait au *Gil-Blas* à propos du dernier
livre de M. Drumont. Je cite sa conclusion :

« M. Maurice Barrès, l'aimable député homme de
» lettres, dont la conversation m'est toujours un
» agrément, écrivait dernièrement dans le *Figaro*
» que notre formule anti-juive manque de conclu-
» sion pratique, n'est qu'un cri de guerre. Et il pré-
» conisait le socialisme d'Etat pour conclure.

» Je souhaite qu'un de ces jours ses occupations
» politiques lui laissent quelque loisir et me procurent
» la joie de le rencontrer. Je lui dirai beaucoup de
» choses qui sont dans notre pensée. Et il verra
» comment les choses iront simplement, le jour où
» nous serons d'accord entre gens du « sang de

» France », et que nous saurons, bien au juste, ce
» qu'il y a de sécurité individuelle, de garanties
» collectives pour gens d'une même race, derrière
» ce mot : Patrie. Le mot est vague aujourd'hui, il
» est ouvert à tous les vents, et trop de gens s'y
» glissent, Il faudra préciser et rappeler à ceux qui
» sont si pressés d'adopter la France pour mère,
» qu'en général on n'adopte pas une mère, c'est la
» mère qui adopte. Ce jour-là, la France sera ren-
» due aux Français ; et puisque M. Barrès voulait un
» tableau de ce que serait la France sans les tripo-
» teurs et les financiers cosmopolites qui la ruinent,
» ce tableau-là, je le lui promets pour un temps
» prochain. Il y verra le paysan riche de son tra-
» vail et non plus ruiné par le crédit, il y verra le
» contraire de ce que nous voyons aujourd'hui ;
» en un mot quelque chose comme le dénouement
» du *Shyllock* de M. Haraucourt. Ce diable
» d'homme, une fois vaincu par la Loi, la juste Loi
» qu'il invoquait si fort contre Antonio, tout le
» monde est content, la vie coule en paix et les
» amoureux font des ballades à la lune :

« Et puis va la vie et va la fortune.

» En attendant ces jours, que je ne qualifie pas,

» pour n'offenser personne en vain, la *Dernière ba-*
» *taille* est l'histoire de la défaite du bourgeois éco-
» nome et travailleur, par Panama, l'histoire de la
» déroute politique du même gogo, par le suffrage
» universel retourné.

» La réunion de Neuilly a été la première bataille
» d'une société nouvelle. »

La bataille !... cette idée le domine. A peine en-
rôlé dans l'antisémitisme il se met en route vers
l'Orient, comme ces chevaliers croisés dont il envie
le sort. Il va en Roumanie où la question juive
s'agitait autrement que par des paroles, et son entrée — sans préambules de politesse, — dans certains ghettos fit pousser des cris d'orfraie aux An-
nales Israélites. M. de Biez prépare un livre où il
raconte cette campagne. Ce sera sa chanson de
geste, d'autant plus intéressante que lui-même il a
fait le geste. Enfin, comme dernière touche au portrait nous dirons, pour ceux qui ne connaissent pas
le coadjuteur de M. Drumont, qu'il est d'un désintéressement auquel les Juifs rendent hommage et
qui les étonne. M. de Biez n'a cherché dans la formule antisémitique ni le succès de l'écrivain ni la
vogue du conférencier, bien qu'il ait un réel talent
d'orateur. La Hollande n'a pas encore pétri le fro-

mage dans lequel il se retirera. Il n'y songe pas
d'ailleurs.

Toutes les fois qu'il a eu l'occasion de monter à la
tribune il s'y est fait écouter. Il a de la fougue, une
vivacité d'allure et une aisance de langage qui plai-
sent, bien qu'il n'ait pas le tempérament du tribun.
Ce qu'il dit est clair, et il le dit sans artifices de
rhétorique, mais aussi avec une parfaite urbanité
de forme. Sa voix, au début, est aigüe comme un
appel de clairon, puis, avec le discours, elle s'échauffe,
pourtant sans prendre jamais une grande ampleur.
La phrase est courte et le trait, qui y est toujours, ne
vole que mieux au but. Sa repartie, prompte, est
mordante. Tout cela est bien français. Des Juifs
le sifflent. « On dirait qu'ils sifflent dans leur poche.
» Avec quoi ? Je le devine presque, les Juifs rece-
» vant, vers l'âge de quinze ans, leur circoncision
» enfermée dans une petite boîte. Il y a peut-être
» de quoi faire une petite flûte de poche. Et puis
» ça ne coûte pas cher. On peut protester à bon
» marché. »

Un Homais judaïque lui crie à propos de rien :

— Parlez-nous de la Saint-Barthélemy !

Et l'imbécile s'attire cette riposte :

— En ce qui vous concerne, ce ne serait jamais
qu'une demi-mesure. Ne vous en plaignez pas puisqu'elle vous a raté.

Après Toussenel, dont le livre *Les Juifs rois de l'époque*, n'a pas laissé de traces bien profondes dans l'opinion de ce temps-là, bien que ce soit incontestablement une œuvre magistrale, c'est M. Edouard Drumont qui, avec *la France Juive*, déclara la guerre à l'oligarchie financière des Israélites. Il y avait longtemps qu'il couvait son œuvre. Il a pour ami « au fond d'une province, un vieux magicien » qui en sait plus long que Merlin l'enchanteur ; à » force de vivre dans les bois, il ressemble à un me- » neur de loups... » Cet ami qui, décidément est bien un sorcier, lui conseilla quand il travaillait au labeur quotidien de la presse, de mettre soigneusement de côté tout ce qui avait rapport aux Juifs. Cela servirait un jour. Et le jour est venu, en effet, où cela a bien servi. La *France Juive* fut le coup de tonnerre dans le ciel d'Israël. On se rappelle le bruit que fit le livre et l'on ne saurait nier que dès lors un courant était créé contre le système, les procédés et les hommes appartenant à ce que l'on commençait à appeler la race sémite.

Avec la *Question juive*, M. Jacques de Biez prenait position sur le même terrain et devenait le *fidus Achates* de M. Drumont. L'antisémitisme était fondé. D'autres auteurs firent paraître des ouvrages sur le danger que la prépondérance juive faisait courir à la société contemporaine. Dans *Les rois de la*

République, *Histoire des Juiveries* — *La Haute Banque et les Révolutions* — *L'Agiotage sous la troisième République*, **M.** Auguste Chirac est bien un antisémite, fustigeant ceux qu'il appelle « sous-derviches de Moloch-Baal » ou « sous-vétérinaires du veau d'or. »

Puis, ce sont : *Le Juif selon le Talmud*, de M. Auguste Rohling ; *l'Agonie d'une Société*, de MM. A. Hamont et G. Bachot ; *Le mystère du sang chez les Juifs*, de M. Henri Desportes ; *La Russie Juive*, de M. Kalixt de Wolski ; *Le Juif, voilà l'ennemi !* de M. le docteur Martinez ; *La politique Israélite*, par un jeune homme qui, sous le pseudonyme grec de Kimon, cache un nom plus grec encore que son pseudonyme. Les Hellènes semblent, du reste, avoir une grande tendance à l'antisémitisme. Il y a à New-York une collection qui, sous le nom de *Minerva Library*, débite de l'antisémitisme. Elle est éditée par un Grec !..; Ce descendant d'Epaminondas se contente de faire traduire — en fraude — dans la langue de Fenimore Cooper, les livres de M. Drumont. *La France Juive* a, ainsi, paru en deux volumes, sous ces titres : *The original M*^r *Jacobs*, et *Judas Iscariot*. **M.** Drumont pouvait dire : « *Timeo Danaos...* » sans pouvoir malheureusement ajouter : « *et dona ferentes.* » Le Grec americano-antisémite faisait de la contrefaçon et, cela va de soi, ne payait pas le démarquage. Ces gens-là ne trichent pas qu'avec la dame de pique. Pour en revenir à M. Kimon et à sa *Politique Israélite*, nous dirons que sa conclusion déconcerte la logique française. Après avoir montré le Juif à l'œuvre, en France, comme banquier, comme politicien, comme journaliste, et après avoir indiqué tous ses méfaits, le jeune hellène clot son *étude psychologique* par cette pirouette :

« Quels que soient, en toute circonstance, les torts
» de l'Israélite, l'aryen doit toujours user de ména-
» gements envers lui. Il ne doit pas oublier qu'il a
» en face de lui un être irritable et qui n'a que trop
» souvent sucé avec le lait les poisons de la haine
» et de la vengeance. Ne jamais blesser l'Israélite
» doit être une règle sacrée. Si l'Israélite doit, en
» grande partie, à sa passion d'outrage sa destinée
» historique, il l'a trop cruellement expiée pour
» qu'on ne lui facilite pas, en fermant souvent les
» yeux, l'oubli de son propre passé. »

Ce n'était pas la peine, assurément, de faire un livre à prétentions antisémitiques pour en arriver à cette petite capitulation de la fin.

M. Albert Savine est l'éditeur de presque tous les ouvrages parus sur la question antisémitique. Il y a là une physionomie originale,un type très personnel.

Plutôt catholique et conservateur, M. Savine appartient à cette jeune génération attachée au passé mais, en même temps, chercheuse, curieuse. Après tout ce mal actuel il faut espérer le mieux futur et voir ce que cela sera.

Très accueillant,libéral,d'une grande indépendance en tout, le courageux éditeur ne s'est pas confiné, comme il aurait pu le faire, dans la librairie simplement productive. Il a fait le livre d'attaque, l'étude sociologique qui n'est achetée que par le petit nombre. L'on ne cherche pas sans des tâtonnements, sans des erreurs. Il y a des coups qui portent à faux et d'autres dans lesquels on se découvre. M. Albert Savine a payé les erreurs qu'il a pu faire. Il les a payées de sa personne. L'année dernière à cette époque-ci, j'allais le voir à Ste-Pélagie où il faisait trois mois de prison. On ne fit pas grâce d'un jour à M. Savine,moins heureux en cela que M.de Mores, gràcié après deux mois.

C'était pour les affaires Numa Gilly. Il fut la dupe — de très bonne foi — d'un hâbleur et d'un pleutre. On dirait, vraiment, que cela était un piège où l'on avait attiré la générosité confiante de M. Savine. Le Tartarin de Nîmes, qui s'érigeait en justicier, rétracta tout ce que l'on voulut, demandant tous les pardons possibles. Il alla jusqu'à

prétendre qu'il n'avait pas autorisé M. Savine à
mettre son nom sur le livre de « Mes Dossiers ». Au
moment où cette affaire là fit du bruit, les journaux
gouvernementaux racontèrent que le ministère de
l'Intérieur allait expulser M. Savine comme étranger.
On le disait Russe et Israélite. Son nom, en effet,
pouvait lui donner un air moscovite que sa figure
ne démentirait pas trop. Grand, fort, très brun et
blanc de peau, avec des yeux vifs et une barbe assez
rare qui est bouclée, M. Albert Savine pourrait
aisément sembler un slave. Il est né à Aigues-Mortes,
d'une vieille famille française. Mais s'il n'est pas
Russe il a, tout au moins par les traductions qu'il a
éditées, contribuer à faire connaître les œuvres des
littérateurs russes.

V

Après les élections législatives de 89, le triomphe de ceux auquels M. Drumont accolait l'appellation *trouvée* de Jacobins nantis, reculait la rentrée en campagne de l'antisémitisme. La loge était en sommeil. Le jacobinisme intolérant de la Chambre se chargea du réveil.

Parmi les invalidés de la minorité boulangiste se trouvait M. Francis Laur qui dans certaines questions économiques, pendant la précédente législature, avait fait preuve d'une réelle indépendance.

Sans grande autorité, même dans son parti, esprit

un peu brouillon, caractère effacé, — très en demi-
teinte — assez médiocre comme écrivain, orateur
fort ordinaire, il était peu suivi. Il n'en avait eu,
sans doute, que plus de courage à dénoncer l'accaparement des cuivres, et à crier haro sur la Haute-
Banque. La ligue antisémitique vint le soutenir quand
il se présenta à nouveau devant les électeurs de
Neuilly, en janvier 1890. Ce ne fut pas seulement
une aide morale que M. Drumont apporta à son ami,
l'antisémite parlementaire; c'eût été peu de chose,
l'auteur de *la France Juive* n'ayant pas encore l'o-
reille des foules. Mais il y eut une assistance plus
efficace car elle était pécuniaire.

Tout le monde sait, — et ses ennemis ne peuvent
pas lui en faire un reproche — que la ligue antisémitique est pauvre. Les quelques cotisations que versent ses membres seraient insuffisantes à fournir des
subsides électoraux qui se chiffrent par des sommes
relativement importantes. M. Drumont qui n'a aucune fortune, mais auquel ses livres, qui se vendent
bien, assurent une certaine aisance, n'hésita pas
à sacrifier une partie de ses droits d'auteur pour
assurer l'élection de M. Laur. Le succès de l'homme
qui avait flétri les accapareurs juifs à la tribune de
la Chambre, devant une majorité hostile et une minorité indifférente et timorée, devait être pour le
moins désagréable à la haute banque. La campagne

se fit dans ce but. Une affiche parut, émanant, comme celle de septembre, du comité directeur de la ligue. Mais, cette fois, elle était contresignée par un candidat. C'était l'acceptation d'un programme, l'entrée en lutte, sur le terrain électoral, d'un principe qui semblait, jusqu'alors, vouloir se cantonner dans le champ plus clos du livre. Il y avait là aussi une occasion qui s'offrait : la mise en contact de la masse et du livre, facilitée par une élection que tout annonçait comme devant être heureuse.

L'affiche de la ligue était une vraie déclaration de guerre avec M. Francis Laur pour héraut.

« Voter pour Laur, c'est protester au nom de la
» France contre l'envahissement du Juif allemand.
» parasite. exploiteur et tripoteur. La juiverie finan-
» cière ne s'y trompe pas et, si elle multiple ses
» efforts contre cette candidature nationale, c'est
» qu'elle sait l'exceptionnelle importance qu'aura
» votre verdict. L'élection de Laur, ce sera le coup
» de cloche qui annoncera à la Haute Banque que
» l'heure des définitifs règlements de compte va
» bientôt sonner pour elle. L'élection de Laur, ce
» sera le premier acte du procès qui s'ouvrira bientôt
» contre ceux qui oppriment et qui dévorent notre
» malheureux pays.

» Electeurs,

« Vous savez tous ce qu'a fait Laur. Laur a rompu
» le premier le complaisant silence que toutes les
» complicités, toutes les bassesses, toutes les lâche-
» tés, toutes les cupidités font autour des crimes de
» la Juiverie cosmopolite. Alors que tous se taisaient
» Laur a parlé... Le premier il a osé prononcer en
» pleine Assemblée un nom qui semblait jusqu'ici
» sacro-saint, un nom que les députés de toutes les
» opinions ne murmuraient jamais qu'en faisant des
» gestes d'admiration et de respect; il a osé pro-
» noncer le nom de Rothschild ! Les électeurs de
» Neuilly auront une page glorieuse dans le livre
» d'histoire sociale qui va s'écrire. Ils n'oublieront
» pas que leur député n'a été en butte à tant d'atta-
» ques, que parce qu'il a défendu le droit de tous
» contre une Ploutocratie insatiable. Laur a été
» exclu de la Chambre parce qu'il a dénoncé le
» coup des cuivres; les électeurs de Neuilly ren-
» verront leur député à la Chambre pour qu'il y
» dénonce le coup du Pétrole..... »

La réunion publique qui fut tenue à Neuilly, salle
Galice, le 18 janvier 1890, eut un retentissement
énorme. Les Juifs de la finance s'émurent. Ils com-
mençaient à voir que l'antisémitisme les menaçait

directement, et ils affectèrent de voir le danger plus
près d'eux qu'il ne l'était peut-être. Ce qui est certain
c'est qu'il était en route.

L'opinion fut très déconcertée devant cette explosion subite, si peu attendue à coup sûr. Quelques-
uns y voyaient un nouvel avatar du boulangisme
qui, mis en échec sous sa forme politique, renaissait
comme parti de guerre sociale violent, pour se ruer
en masse contre une caste et une race. Ce qui donnait de la vraisemblance à cette opinion, c'est la
présence, autour de M. Drumont, d'une partie de
l'état-major boulangiste. Messieurs Déroulède, Lai-
sant, de Susini tonnèrent, avec non moins d'ardeur
que M. Drumont, contre les omnipotents dynastes
de l'or. Cette ardeur, du reste, s'atténua par la
suite.

M. Mermeix avait parlé un peu dans cette réunion. Il fut le moins antisémite de tous, sans doute
à cause de ses attaches plus personnelles, plus di-
rectes, avec M. Naquet. Ce dernier qui ne fut pas
étranger à la publication des *coulisses du Boulangisme* refusa tout récemment de signer l'ordre du
jour du Café Riche par lequel l'ancien Comité national désavouait M. Mermeix.

Les journaux, malgré la prépondérance de l'élément Israélite dans la presse, ne purent s'empêcher
de parler de la réunion de Neuilly qui était l'évé-

nement à sensation du jour. Et, comme l'on fait pour les premières, ils citèrent les noms des personnages connus de la haute société et du monde des cercles venus là pour entendre un des leurs, M. le marquis de Mores qui, très correct, en habit noir et en cravate blanche, se déclarait socialiste révolutionnaire et adversaire acharné des Juifs.

On crut que l'alliance était conclue sur le terrain de l'antisémitisme entre les conservateurs et les boulangistes. Les organes inféodés au parti des gens en place appelaient M. Drumont boulangiste.

M. de Mores était pour eux un royaliste. N'avait-il pas amené là son ami le duc de Luynes qui était lui-même un ami très intime du jeune duc d'Orléans! Il y avait de l'étonnement dans tous les camps. On ne se reconnaissait plus dans ce chaos. Les boulangistes n'étaient pas les moins désorientés. Où allaient-ils et seraient-ils suivis?

M. Francis Laur passa avec une grande majorité. Etait-il élu quoiqu'il fût antisémite, ou bien parce qu'il l'était? Est-ce que le courant allait avec Drumont, et eux, les chefs, seraient-ils contraints de suivre, cette fois, leurs troupes? Et sur un terrain qu'ils ne connaissaient pas, auquel ils n'étaient pas préparés?

Les élections municipales étaient proches. Comment fallait-il manœuvrer avec l'antisémitisme?

Adopterait-on une tactique d'ensemble, ou bien ferait-on une marche parallèle? Les lieutenants du général Boulanger étaient dans un grand désarroi. Ce fut M. Drumont qui prit soin de les en tirer, avec *La Dernière Bataille*.

Ce livre parut au mois de mars avec un chapitre de trop, ou plutôt dans un chapitre, quelques lignes de trop que l'auteur pouvait bien sacrifier, puisque le volume s'arrête sur la page 572. Il est vrai que, depuis, M. Mermeix a beaucoup plus *tiré à la ligne*. Mais c'était... après.

Le général déclara qu'il ne pouvait marcher avec M. Drumont, après les choses désobligeantes que M. Drumont avait publiées sur le compte de M. Boulanger père. Ce ne fut évidemment qu'un prétexte, mais il était bon, et M. Drumont n'aurait pas dû le fournir. Elle permit à l'influence juive d'exercer sur le boulangisme une action plus directe et qui fut même financière.

Dans le quartier où M. de Morès se présenta, les juifs dépensèrent beaucoup d'argent pour le faire échouer. Apprenant qu'il avait donné quelques subsides au syndicat des révoqués, M. Naquet fit parvenir à ces victimes de la politique, une somme plus forte. M. Naquet enfin, une récente polémique nous l'apprend, aurait fait tenir à M. Mermeix des fonds *qui ne venaient pas du Comité national* pour l'élection du candidat boulangiste du Gros Caillou. Ce dernier, au moment de la publication des tapageuses *coulisses*, informa l'opinion publique qu'il y avait des désaccords de comptabilité entre lui et M. Mermeix. Toujours est-il que le parti boulangiste ne fit sa campagne d'élections municipales, ni avec l'antisémitisme, ni même à côté de lui. On peut dire qu'il l'a faite contre lui partout où il s'est trouvé en présence d'une candidature antisémitique, même quand le candidat que M. Drumont appuyait, était un boulangiste avéré, investi comme tel par le comité. Mais M. Drumont a le talent grincheux et sa virulence de pamphlétaire ne sait pas se plier à la politique. Dans le fin lettré et le sociologue intéressant, il y a un fond de médisance réelle.

L'anecdote relative au père du général Boulanger était inutile et permettait à M. Mermeix de blâmer énergiquement M. Drumont devant les électeurs boulangiste du 7me arrondissement en leur disant : « Vous ne pouvez pas voter pour un homme qui tient un pareil langage. » Le général avait l'esprit de famille trop développé pour pardonner de semblables allusions.

Oh ! ce chapitre de la *Dernière Bataille* avec quelle douce jouissance, avec quelle voluptueuse ironie, son auteur doit le relire ! Et parmi toutes ces destructions qu'il avait prophétisées, il voit l'éternel Juif qui va, vient, manœuvre, serpente, toujours à l'aise,

— le juif boulangiste, le juif royaliste le même, au fond, *Janus bifrons*, — et qui poursuit, au milieu des ruines, son œuvre obscure !

Le marquis de Mores que l'on venait de voir, à la réunion de Neuilly, entrer assez bruyamment dans la lutte, sous le pavillon de l'antisémitisme, n'était pas un inconnu pour l'opinion publique. A Toulouse, aux élections législatives de 1889, tandis que le candidat boulangiste, M. de Susini — l'un des moins heureux du parti — disputait à M. Constans son fief électoral, M. de Mores était venu soutenir l'adversaire du tout-puissant ministre. Il n'apportait pas seulement le renfort de sa parole à M. de Susini, il venait encore le soutenir de son énergie physique et de son courage matériel qui avaient leur utilité pour une propagande où les coups jouaient un rôle assez marquant. Cette campagne fut très coûteuse. N'avait-on pas à lutter contre le dispensateur des fonds secrets qui, lui, n'avait pas besoin de compter ? M. de Susini y dépensa beaucoup d'argent, indépendamment des fonds que le comité Boulangiste lui donnait. M. de Mores qui a de la fortune, contribua pour sa part aux frais d'une guerre dans laquelle il s'était jeté à corps perdu. Beau joueur, il n'y regarde pas à aventurer quelques billets de mille sur le hasard du *bac*, pas plus qu'il n'hésite à les risquer sur les chances d'une élection.

L'élection de Toulouse avait, du reste pour lui, l'attrait tout à fait spécial d'une rancune personnelle à satisfaire.

Antoine Manca de Vallombrosa, marquis de Mores, est un jeune homme ; il a à peine trente ans. D'une haute taille, d'une forte carrure, il a un aspect très mâle. Sa physionomie, fine, est sympathique. Un bon sourire affable, une urbanité exquise tempèrent sa crânerie bien soulignée d'officier de cavalerie. Il est originaire d'une famille de vieille souche noble Sardo-piémontaise. Son père, le duc de Vallombrosa, avait opté pour la nationalité française. Sa mère était la fille du duc des Cars.

Il semblerait qu'un certain atavisme ait donné à M. de Mores cette exubérance un peu inquiète qui le pousse à l'action large, épandue, avec tout ce qu'elle comporte d'imprévu. Il aime l'aventure, au sens élevé du mot. Son vieux sang d'insulaire méditerranéen lui a transmis sans doute le tempérament de ces hardis *conquistadores* qui cherchaient, dans un monde nouveau, des ennemis neufs à combattre, et un or vierge à gagner. On dirait qu'il se sent mal à l'aise dans une société vieille, où il y a trop de coudoiements et où il ne peut se tailler la place de son rêve. Peut-être aussi chez lui, le courage prime-t-il la conception. On pourrait dire aussi qu'il a plus d'obstination que de persévérance.

Il sort de Saint-Cyr, sous-lieutenant de cuirassiers, mais il démissionne et va en Amérique — Fernand Cortez anachronique, — chercher des sensations plus neuves dans le Far West, au milieu de l'indépendance batailleuse des prairies.

Cependant, cette existence à la *Buffalo Bill*, la sauvagerie du *Struggle for life* au milieu des cow-boys ont laissé intacts le comme-il-faut et le bien-né de sa nature. C'est toujours le marquis. Il épousa la fille d'un banquier américain, le baron Hoffmann ; cette famille est luthérienne et non israélite comme on l'a prétendu. La sœur de sa femme est mariée au baron de S..., ambassadeur d'Allemagne à Madrid.

Le mariage ne retient pas M. de Mores dans la fixité d'un foyer cependant suffisamment doré. Il fait l'élevage des bestiaux dans les grandes solitudes vertes de l'ouest américain. Il poursuit, à la tête de ses hommes, des voleurs en bande ; il en capture plusieurs qu'il exécute à coups de carabine de sa propre main. Ce genre de sport, de la part d'un étranger, semble avoir inquiété la justice — pourtant assez effacée — de là-bas. M. de Mores passe en jugement, on l'acquitte. Le sentiment de la propriété fait qu'au surplus on l'acclame. Il n'avait tiré que sur des voleurs et on pouvait lui savoir gré d'une simplification dans la procédure.

Malheureusement, le trafic lui fut moins favorable que le coup de fusil. Il essaya d'organiser une gigantesque entreprise qui devait servir à l'approvisionnement de New-York en viande de boucherie. Les bouchers de la ville, pour la plupart juifs, se coalisèrent, et son projet ne put aboutir. Il lui en vint la haine des accapareurs, et l'antisémitisme commença à lui sourire.

Comme le bon rifle de l'adroit sportsman ne pouvait rester à se rouiller, M. de Mores alla se consoler dans l'Orient d'être incompris par les bouchers de l'Ouest. Il chassa le tigre dans l'Inde. C'est dans la jungle qu'il fit la connaissance du jeune duc d'Orléans. Le fils du comte de Paris et l'héritier du duc de Vallombrosa étaient gens du même monde. Ils avaient des caractères qui se convenaient. Ce n'est donc pas étonnant qu'il y ait, à travers le socialisme de M. de Mores, certaines préférences politiques qu'expliquent certaines intimités.

De l'Inde, M. de Mores passa au Tonkin. Il eut un projet de chemin de fer qui reçut l'approbation du résident général, M. Richaud. Cette ligne devait mettre en communication les ports de notre protectorat et la frontière chinoise. L'influence de M. Constans fit échouer l'entreprise que M. de Mores pro-

jetait. L'élection boulangiste de M. de Susini fut, en
89, le terrain sur lequel M. de Mores essaya, pour la
première fois, d'exercer contre M. Constans une
vendetta politique. Sa rancune fit long feu. Après
tous ces avortements électoraux, M. de Susini paraît
avoir renoncé à la politique. Il s'occupe de travaux
scientifiques d'une application industrielle. On dit
le plus grand bien d'un moteur qu'il a inventé.

Les élections municipales de Paris semblèrent à
l'ardent lutteur qu'est M. de Mores un champ clos
où la querelle se viderait mieux et d'une façon plus
large. Il y rendrait, au ministre de l'intérieur, les coups
reçus de M. Constans au Tonkin, et il se vengerait
sur les sémites agioteurs, de l'échec que les bouchers
Juifs de New-York avaient infligé à son entreprise coopérative d'alimentation.

On a dit, aussi, que des dissentiments de famille
— un désaccord entre gendre et beau-père —
n'étaient pas étrangers à cet état d'esprit. Et la lutte
sourde, tenace — lancinante de continuité sous les
contraintes hypocrites de la vie en commun — qui
mettait aux prises le gentilhomme et le financier,
se traduisait, dans l'élargissement manifeste du dehors, par la prédication d'une guerre sociale. Alors,
le révolutionnaire vigoureux battait en brèche la
grande suprématie financière, dénonçant aux masses
une féodalité d'argent qui, sans doute, pour lui,

s'incarnait — d'une façon plus directe — en une
sorte de tyrannie domestique !

Mais, qu'elles qu'en fussent les raisons, M. de
Mores sentait des haines énergiques fermenter en
son cœur. Il avait le bras fort et l'âme fière. C'était
bien, pour une cause, le combattif rêvé. Dans l'antisémitisme, il représentera le côté « flamberge au
vent.» Si M. Drumont est un Aramis religieux et ironique, disposé peut-être à finir général des Jésuites;
si M. Jacques de Biez est un Athos généreux, noble, loyal, confiant et brave, M. de Mores sera le
d'Artagnan batailleur qui va toujours de l'avant, et
qui, dans son insouciante bravoure, ne s'épargne
pas. Le voilà entré sur le sentier de la guerre. Nous
allons l'y suivre.

DEUXIÈME PARTIE

———

L'ANARCHIE DE SALENTE

I

L'émeute promise. — Chaos politique. — Triangle et faute
d'orthographe. — Une ligne tranquille. — Bucoliques et
guillotine. — Les gardes champêtres de la popularité. —
« Rien ne m'est plus. Plus ne m'est rien ». — La course
au néant.

A aucune époque, depuis la répression de la Commune, le gouvernement républicain n'avait pris plus
de précautions en vue d'une émeute. Jamais aussi,
peut-être, précautions ne furent-elles plus inutiles.

Dans l'esprit des dirigeants, la date du 1er mai semblait devoir marquer l'échéance d'une révolution.
Cependant, pour qui observait les choses de près, et
suivait avec attention le travail qui s'opérait dans
les milieux de désordre, le mouvement que l'on annonçait et que l'on redoutait, ne devait pas, ne pouvait pas se faire. L'état d'âme — si l'on peut employer cette expression — des différents centres

révolutionnaires de Paris, était un état absolument chaotique, sans unité d'action, sans cohésion aucune.

Si la stratégie de police — d'une fermeté un peu brutale — suivie par le Ministre de l'Intérieur n'y avait apporté d'empêchement, quelques groupes d'hommes eussent circulé, quelques cris hostiles à l'ordre de choses existant eussent été proférés. Mais la date du 1er mai n'eût pas marqué une époque climatérique dans l'histoire de notre République. Ce n'eût même pas été une journée pour le socialisme français.

Toute évolution se fait par la force des choses, la dynamique inerte des événements. Il y a, — on pourrait dire, — un point de cristallisation où le passage d'un état à un autre s'effectue. Mais l'évolution immédiate, violente, si elle ne suit point cette loi, doit obéir à une direction communiquée, latente et pourtant sensible. Cette balistique spéciale manquait au mouvement annoncé pour le 1er mai. Rien ne le poussait, comme rien ne le menait. Aucun courant occulte ne s'ouvrait sur aucune action manifeste. Au grand jour du gaz allumé, dans les réunions publiques, on parlait, on discutait, on se faisait surtout des reproches réciproques. Il y avait des luttes de partis et des querelles de personnes, à propos des élections municipales. Quelquefois le premier mai venait sur le tapis. Beaucoup n'en voulaient pas, et, pour motiver un refus, — comme une chose qui répond à tout, — prononçaient le mot cabalistique de *police*, et dénonçaient le piège. Quelques-uns désiraient pour le jour socialiste une certaine liturgie pacifique. Seuls, peut-être, les anarchistes, ou du moins quelques-uns d'eux, voulaient se battre. Mais c'est à peine s'ils sont quatre, et ils se méfient les uns des autres plus encore que l'on ne se méfie d'eux. Au demeurant, la conspiration n'était nulle part, sauf dans un endroit où elle était, plutôt en simulacre, et l'on eût dit, comme pour justifier les précautions à prendre. En résumé, dans la direction du mouvement il n'y avait pas de chef, il n'y aurait même pas eu, probablement, de ces chefs qui s'improvisent dans l'émeute.

L'émeute, d'ailleurs, quel parti l'eût menée? Les blanquistes — chez lesquels le boulangisme a provoqué un schisme — sont auprès des masses comme les tenants d'un culte démodé et, par conséquent, leur action sur elle est presque nulle. Les possibilistes — prisonniers de l'élection Joffrin — représentent dans le socialisme le côté ministériel. Ils ne pouvaient avoir l'air d'attaquer le gouvernement, au moment même où celui-ci feignait d'avoir à défendre la République contre les menées coalisées des factions de désordre et de réaction. Les boulan_

gistes, à la veille du 1er mai étaient encore tout
étourdis de leur échec du **27** avril. Ils avaient perdu
leur confiance et leurs illusions. Beaucoup avaient
abandonné la lutte. Ceux qui la continuaient ne son-
geaient plus, comme les gladiateurs vaincus, qu'à
mourir avec grâce.

Restait le parti de l'internationale ; son tort
était, peut-être, de montrer un peu trop son
internationalisme. Le programme de la grande
fête annoncée, pacifique, en promenade, venait
évidemment du dehors. La procession déroulant,
par les rues et les places, les longues théories
aux rangs pressés, des prolétaires silencieux marchant sous leurs emblèmes, était conçue par des
hommes n'ayant en vue que le tempérament des
races anglo-saxones. Il faut aux hommes du sang
français plus de mouvement et plus de bruit. Nous
sommes sous ce rapport plutôt torrent que fleuve.
Le 1er mai, le torrent resta chez lui.

D'ailleurs, comme un fait exprès, et comme pour
donner la marque d'origine bien internationale du
mouvement, l'emblème, fabriqué à un très grand
nombre d'exemplaires, qui devait servir de signe
de ralliement aux manifestants, portait dans sa
rédaction une faute d'orthographe : *8 heurs* (*sic*)
de travail. Il serait exagéré de dire que cette *coquille*
empêcha le fameux triangle des socialistes interna-

tionaux de sortir. Elle y contribua sans doute. Presque tous les journaux l'avaient relevée. Sa provenance n'était pas seulement mystérieuse ; on voyait, à n'en pas douter, qu'elle était étrangère. Toujours est-il que le triangle et sa faute d'orthographe ne sortirent pas le 1er mai. Les rares groupes de manifestants que la police dispersa ce jour-là n'obéissaient certainement à aucun mot d'ordre central et ne suivaient aucune action commune. C'étaient des tapageurs isolés, des platoniques du désordre, presque des amateurs pourrait-on dire. On n'a sur aucun d'eux, que je sache, trouvé l'emblème en question.

Cependant un parti ou plutôt un certain groupe d'hommes sembla inspirer quelques craintes et fut, à l'approche du 1er mai, l'objet d'une surveillance spéciale du gouvernement. On parut redouter que l'échéance révolutionnaire internationaliste ne marquât l'entrée dans la période d'action d'une doctrine sociale restée jusqu'alors à l'état purement spéculatif.

On a vu, dans la première partie de ce livre, l'historique de l'antisémitisme en France, qui consiste à peu près jusqu'à présent dans la monographie de M. Drumont et de son œuvre. Cependant le mouvement était lancé. Il importait, pour les promoteurs de l'idée nouvelle, d'encadrer dans la constitution d'une sorte de parti ayant son programme, son centre d'action et sa propagande, les adhérents qui lui venaient. C'est dans ce but que MM. Drumont et Jacques de Biez fondèrent le 4 Septembre 1889 la ligue nationale antisémitique de France.

Des commerçants et des industriels, même de petits capitalistes, dont les intérêts avaient été lésés par la prédominance financière de la haute banque israélite, des membres du clergé — du petit clergé de province surtout, dont cette *guerilla* théologique contre les juifs flattait les tendances de rénovation religieuse, gallicane au fond — souscrivirent à la ligue, en versant des cotisations qui ne furent jamais bien importantes. Ces adhésions plutôt morales, sortes de marques de sympathie données à ses fondateurs et aux doctrines qu'ils voulaient propager, ne pouvaient constituer un foyer d'agitation bien redoutable pour la catégorie d'hommes contre laquelle la ligue allait en guerre. Il n'y eut jamais dans ce milieu assez paisible et où les adhérents eux-mêmes fréquentaient peu, une organisation de combat qui pût être comparée à celle de la ligue des patriotes au début de la campagne boulangiste. Cette dernière avait un chef, M. Déroulède, qui possède une allure et un tempérament de tribun ; elle avait aussi des cadres organisés pour la lutte matérielle et violente. Quand la ligue des patriotes fut dissoute, il est cer-

tain qu'elle était devenue un danger pour les gens
au pouvoir. On conspirait et on se serait battu. Le
même danger ne parut pas exister du côté de la
ligue antisémitique, et le gouvernement, tout en la
faisant surveiller, n'eut point à la dissoudre, bien
que ses statuts ne fussent pas approuvés. La conspiration, discrète, n'y sortait guère d'un certain
caractère doctrinaire, restant plutôt sur un terrain
d'opposition économique, sans tendances politiques
bien accusées d'ailleurs. C'était quelque chose de
négatif, platonique au fond, — on pourrait presque
dire purement littéraire — et qui trouvait sa formule dans les livres de M. Drumont. Celui-ci était,
du reste, comme la raison d'être de la ligue et il
semblait qu'il en dût rester la fin dernière. Et puis,
il y allait peu, ne se souciant guère de s'entourer
d'adeptes et de leur prêcher. Jaloux de sa suprématie, mais amoureux de son calme mystique de
lettré, il lui répugna toujours de s'épandre dans une
promiscuité de *forum*. Il se confinait dans la crypte
tranquille du livre, des mois pleins, à polir et à re-
polir ses méchancetés à succès qui se vendaient bien
et lui faisaient les loisirs champêtres de Soisy-sous-
Etiolles. Il prêchait la guerre sainte *sub tegmine fagi*.

Mais on ne fait pas de révolutions à coups de
bucoliques. Fabre d'Eglantine contribua à faire guil-
lotiner Louis XVI ; ce ne fut pas par son fameux :

Il pleut, il pleut, bergère !
Rentre tes blancs moutons !

Fabre d'Eglantine monta sur l'échafaud, malgré ses bergeries. Il y a des heures où l'on coupe le cou aux poètes lyriques.

Néanmoins, il importe pour suivre la marche de l'antisémitisme en France, de suivre M. Drumont qui, jusqu'à présent l'incarne. Le brillant écrivain comprenait qu'à une époque où tout se fait par la dynamique du nombre, il ne suffisait pas de dire : « l'antisémitisme c'est moi ! » Quelque talent qu'il déployât dans ses livres, ce n'était pas assez. Il fallait avoir le nombre avec soi ou, du moins, être avec lui. Et, comme le nombre ne venait pas, malgré le livre, — la foule ignore toujours le livre, — M. Drumont alla comme nous l'avons vu au nombre.

En 1888, quand il fit paraître *La fin d'un monde*, le flux du boulangisme battait son plein. M. Drumont, qui est un mécontent d'une certaine espèce, — d'une espèce très supérieure il faut le dire — ne pouvait manquer d'avoir, au moins de la sympathie pour un parti qu'on appelait, ave raison, le syndicat des mécontents. Aussi *La fin d'un monde* contient-elle des passages d'une bienveillance intense à l'égard du général, mais cette bienveillance est localisée, pour ainsi dire sur la personne même de celui qui se dessinait comme un grand chef populaire. L'entourage est, la plupart du temps, assez malmené sauf quelques-uns, dans la presse boulangiste, dont l'allure de combat s'accommodait assez des théories agressives de M. Drumont. N'attaquait-on pas de part et d'autre, les mêmes hommes, la même secte gouvernementale, et pour employer l'expression même de M. Drumont, la république juive? En somme, s'il ne fut pas boulangiste — et il s'en défend dans *La dernière bataille*, le chef de l'antisémitisme fut près de le devenir; sa messe du 27 janvier en témoigne. Il se trouva dans tous les cas, au moins pendant quelque temps, comme tant de français à cette époque, dans l'état d'esprit boulangiste.

Qu'est-ce qui l'en fit sortir? Sans doute le mauvais vouloir de ceux de l'état-major qui considéraient la popularité du général Boulanger comme un bien de mainmorte, à eux dévolu en usufruit. Eux seuls avaient le droit de paître sur ce pré et ils avaient soin de faire comprendre qu'ils en gardaient la clé. M. Drumont ne se souciait pas de passer par ces courtiers, ni d'aller leur demander la

clé qui donne accès vers la foule. D'ailleurs si la foule électorale — être impersonnel, — est désintéressée dans le sens matériel du mal, les meneurs de foule ont besoin de vivre. L'argent est le nerf des partis. Et le boulangisme fut un parti nerveux. Pourquoi effrayer avec l'antisémitisme certains porte-monnaie d'Israël assez disposés à s'ouvrir pour les besoins du culte nouveau? La présence de deux israélites qui menaient la bataille, dans l'armée boulangiste, aux deux ailes, n'était pas faite, il faut en convenir, pour encourager le prophète qui jetait sa malédiction sur les Hébreux. Il se retira sous sa tente et n'en sortit — oh! à peine, sur le seuil — qu'au moment des élections générales.

En septembre 1889 le boulangisme était décapité par le départ de son chef. Le parti allait à la lutte dans des conditions défectueuses. L'armée des mécontents était aussi nombreuse, mais, à tous ses griefs il s'en ajoutait un et c'était contre son général. On attendit jusqu'au dernier moment, un retour qui ne s'effectua pas. Beaucoup de gens qui s'apprêtaient à se dévouer pour la cause, jusqu'au bulletin de vote — inclusivement — déposé le dimanche, à la section avec la sérénité du courage civique, ne pardonnaient pas au général, de n'être point la victime dont le sort funeste eût, attisé leur haine vigoureuse. Il faut à tous les cultes un cadavre. Le Temple édifié sur Hyram est un symbole toujours vrai. Les fervents déplorèrent que le général ne fût qu'un Hyram récalcitrant. Il y avait des défections en haut, et tout faisait prévoir qu'il y en aurait en bas, de plus graves celles-là, car c'était parmi les électeurs : la force. Il y a des théogonies où l'on s'incline devant le soleil levant, nulle part il n'y a eu de génuflexions pour les étoiles filantes.

Si l'aurore du boulangisme semblait avoir séduit M. Drumont, son éclipse trouva le pontife de l'antisémitisme dans la posture qui lui sied le mieux, celle du lanceur d'anathème. Quinze jours avant les élections du 22 septembre, une affiche de la ligue antisémitique parut à Paris. Elle était tirée à un nombre assez restreint d'exemplaires à cause du timbre, aucun candidat ne se trouvant pour la contresigner. Cette affiche, un peu trop longue, mais d'une forme soignée, virulente, très personnelle — un vrai pamphlet — disait son fait au boulangisme. Elle n'était pas électorale, elle n'était même pas politique ; elle ne pouvait appeler la foule. M. Drumont comprenait bien qu'il ne l'avait pas, ce nombre sans lequel rien ne se fait ; il savait qu'il en était ignoré et il prenait un plaisir âpre de solitaire misanthrope à asperger les têtes de tous les partis de sa réprobation éclectique. — *Le manifeste du co-*

mité de la ligue antisémitique qui marque l'entrée de l'antisémitisme dans la période d'action — d'action écrite tout simplement — est intéressante en ce sens qu'elle constitue le programme et résume pour ainsi dire la doctrine de l'antisémitisme. Le programme n'a rien d'actif. Il déplore, il gémit. La doctrine n'est qu'une négation. Il faut faire la guerre aux jacobins nantis, juifs d'origine ou juifs d'instinct.

Mais avec qui sera-t-on, contre eux? Les conservateurs — pris en tas — sont de bien braves gens mais quels chefs! Des égoïstes, des timides, des consciences obnubilées qui ne voient la vertu, le bien, le beau que sous la forme du Monsieur bien mis. Le boulangisme? Il y avait de l'espoir. Mais M. Naquet s'y est mis, et puis, quelle confiance peut-on avoir dans un parti soutenu par un journaliste sémite qui a fait, dans un duel avec le même M. Drumont, un si frauduleux usage de la main gauche? L'auteur de la *France Juive* a gardé une rancune tenace contre son adversaire *schohète*. On voit bien pour qui il ne faut pas voter, et l'on attend une indication, un conseil qui puisse guider l'électeur. Non! l'Antisémitisme entrait dans la vie politique en se disant revenu de tout, bien qu'il ne fût encore allé nulle part.

Le pire est qu'il semble être désabusé de lui-

même. « Quel que soit le travail qui s'est opéré
» dans les esprits, nous ne nous exagérons pas
» le résultat qu'auront nos paroles. Notre heure
» approche, mais elle n'est pas venue encore.
» Il faut que le grain déposé maintenant dans toutes
» les intelligences germe un peu avant l'éclosion dé-
» finitive..... Les événements qui sont proches, les
» catastrophes qui semblent imminentes, les décep-
» tions qui vous sont réservées, feront seules en
» vous la lumière définitive. »

M. Drumont a bien, comme dit Daudet, une
âme de moine. Mais on pourrait dire que chez
lui le moine est double. Il y a celui qui prêche
la guerre sainte, et qui sonne le tocsin. Il montre
aux convaincus le chemin de la Croisade. Et
cela fait, il rentre sous la voûte du Temple. C'est
un autre moine qui apparaît alors, un contem-
platif désillusionné et un méditatif chagrin. Prophète de malheur, on sent la satisfaction —
inavouée, sans doute, mais réelle — qu'il aura à
s'écrier, quand les malheurs seront venus, en levant
de grands bras au ciel :

— Je vous l'avais bien dit !

Il a la volupté du pessimisme, l'extase de l'anéantissement. Cette façon de politique est la théorie
du Rien final : la marche au Nirvâna.

Déjà, sans doute, il ruminait ce chapitre de *La*

Dernière Bataille dont il était question plus haut. Pendant ce temps-là M. Mermeix bataillait pour le triomphe du Boulangisme, détournait les documents de la Haute-Cour, se faisait emprisonner et emportait à la suite d'une lutte vigoureuse un siège au parlement, avec l'appui du général Boulanger.

Un an après, M. Drumont voyait ses horoscopes confirmés par les révélations de M. Mermeix, ci-devant boulangiste emballé, et qui servait de..... parapluie à M. Naquet et à M. Arthur Meyer, les deux sacrificateurs juifs qui avaient tué le boulangisme ?

II

La rue Sainte-Anne. — « *Olla podrida.* » — Le Compagnon
et le Paria. — Frères Maîtres-Chanteurs.— Au rendez-vous
des mouchards. — Les soirées antisémitiques. — Quelques
torgnoles. — Mlle Louise Michel et les anarchistes. — Le
prêt au syndicat. — Peu d'enthousiasme. — Possession
vaut titre.

C'est au commencement du mois de mars 1890
que M. de Mores institua ce comité de la rue Sainte-
Anne dont il voulait faire un centre d'agitation révolutionnaire.

Au numéro 65 de la rue Sainte-Anne, dans le fond
de la cour, quelque marches donnaient accès à un
grand appartement froid, sombre, très triste qui
s'ouvrait de l'autre côté, sur un carré de gravier et
de choses vertes qui poussaient — lamentablement
— entre des murs voisins très hauts, rognant le soleil. Un vaste sous-sol était rempli d'objets hété-
roclites : vieux fourneaux depuis longtemps en non-

activité, plâtras,résidus d'emballages,et dans de petits tonneaux, toutes les rinçures qui sont laissées, après un déménagement. Ces barils mis là étaient drôles, car ils avaient un faux air de mine préparée pour faire sauter quelque chose. La police, dans ses perquisitions, les vint flairer ; elle fouilla ce soussol, ausculta les tuyaux et emporta quelques vieux journaux où des articles étaient marqués au crayon bleu. Comme signe particulier, l'appartement de la conspiration avait,à certaines pièces, les portes rembourrées par un capitonnage épais. Le précédent locataire était un dentiste. L'épaisseur des portes devait servir à étouffer les cris des victimes.

L'équipée récente du duc d'Orléans dont le marquis de Morès était,on le sait,l'ami; le bruit qui s'était fait autour de l'antisémitisme depuis la réunion de Neuilly et, enfin, le mouvement boulangiste qui reprenait sa marche en avant en vue des élections municipales, constituaient des éléments qui paraissaient remuer l'opinion publique et à la faveur desquels une action politique pouvait être poussée.

Un conseil municipal formé d'éléments d'opposition serait devenu un danger, ou tout au moins une gêne, pour le gouvernement. Mais la cohésion manqua parmi les forces agissant sur le corps électoral, ce qui fait que leur résultante resta acquise à l'ordre de choses préexistant.

Le Comité de la rue Sainte-Anne vit accourir, dès le principe, les gens des origines les plus diverses et, aussi, les plus dissemblables. Le syndicat des révoqués y avait ses représentants les plus autorisés. Ces gens étaient assurément dignes d'intérêt, mais ils ne représentaient certainement pas la valeur d'un apport quelconque — nombre ou influence. — Ils ne représentaient qu'eux-mêmes, leurs mécontentements et leurs désillusions, et cherchaient, avant tout, à vivre ou plutôt à vivoter. Nous avons vu que M. de Mores les aida de ses deniers, et, aussi, M. Naquet.

Les rédacteurs d'une feuille boulangiste de troisième ordre fréquentaient assidûment les bureaux de la rue Sainte-Anne derrière lesquels ils flairaient une caisse, dans l'espoir de vendre au marquis néo-politicien un organe qui n'est guère connu que des exploiteurs de *bouillons*. Ils ne réussirent pas dans leur entreprise, mais certains d'entre eux parvinrent à pousser, sous les auspices et avec les subsides de M. de Mores, de vagues candidatures forcément vouées aux plus lamentables échecs. Leur feuille eût été emportée au vent de la faillite si, par un dépit intéressé, ceux qui inspiraient sa pénible copie n'eussent, vers la fin de la bataille, aboyé dans les jambes des antisémites.

Les royalistes, bien qu'ils fussent tenus au courant des menées politiques de la rue Sainte-Anne, ne

parurent point à ce comité. Les organes conservateurs avaient leurs candidats. Ils se séparaient, presque partout, des boulangistes. Ce n'était pas pour se
jeter au milieu du mouvement que M. de Mores pré-
parait, et dont l'idée jusqu'ici ne se dégageait pas
bien nettement. Les anarchistes furent les hôtes fa-
voris de la rue Sainte-Anne. Pour beaucoup, certains d'entre eux le sont encore de la rue de Jérusalem. Le nommé Soudcy, ancien garçon de café révo-
qué, passé un moment à la solde du boulangisme,
vint s'enrôler sous le porte-monnaie de M. de Morès.
Seulement, dans les réunions où il paraissait, les siens
l'empêchaient de parler, lui jetant des reproches
assez durs. On le considérait, dans tous les camps,
comme une sorte d'agent provocateur et il excitait
une méfiance générale que tout semble justifier. Il
n'a du reste aucune espèce de valeur.

Voici un profil singulier, vilain, — expressif en
son genre — et qui suscite, dès l'abord, une
grosse antipathie. Cette figure porte tous les caractères physiognomiques de la criminalité. Elle est
bestiale, d'un bestial rusé marquant les tendances
aux proies chapardées plutôt que prises de lutte.
C'est la tête du renard, c'est le museau de la fouine,
c'est le facies du voleur : *le paria* Martinet ! Il s'est
lui-même établi paria, vit sous cette étiquette, s'en
pare et porte avec désinvolture un casier judi-

ciaire supérieurement nourri. Pour conjurer d'avance
les allusions qui pourraient être faites à de fâcheux
antécédents, le paria Martinet de suite dévoile son
passé. Il vous dit « j'ai volé » d'une façon qui vous
met à l'aise. On pourrait quasiment dire qu'il vous
charme, tant il a une façon franche et cordiale d'exposer ses méfaits passés, et on a envie de lui répondre : « n'en parlons plus, je vous en prie ! » L'homme
n'est pas sans valeur. Il trouve pour envelopper sa
négation sociale, des formes qui avec plus de culture
eussent été littéraires. Il intéresse un moment,
comme une bizarrerie, mais c'est tout. Les anarchistes eux-mêmes le tiennent pour suspect.

Quelquefois, le soir, à l'heure où l'on s'abreuve,
on peut voir prenant leur apéritif à la terrasse d'un
café de Montmartre bien connu des noctambules,
deux êtres particulièrement répugnants. Ce sont les
frères Morel. Pour avoir cette paire-là, il fallait deux
frères ! Ils sont l'un et l'autre, entre deux âges et
aussi toujours entre deux condamnations. Tous les
vices, chez eux, suent par tous les pores. Ils ne se
quittentp as, même sur les bancs de la correctionnelle : frères siamois du chantage, couple de cham-
pignons vénéneux poussé sur le fumier social.

Ils font tous les métiers, pourvu qu'ils soient malpropres ; on les trouve dans toutes les affaires louches, dans toutes les combinaisons véreuses, mais, tou-

jours, au fond, dans la vase, les gens les plus tarés craignant de se compromettre avec eux. Autrefois l'on avait les *bravi* de l'épée pris à gages pour tuer un homme. Les frères Morel sont les bravi de l'ordure, on les paye pour salir un homme, ou plutôt, — car cette lâcheté est rare — eux-mêmes menacent un homme de le salir, s'il ne paye pas. Ils placardèrent dans le septième arrondissement aux élections législatives de 1889, une affiche immonde contre M. Mermeix qui les fit condamner.

Cependant ils évitent le plus souvent de tomber dans le code pénal, dont ils connaissent très bien les marges. Ce sont des jurisconsultes spéciaux. Au moyen âge il y avait ceux qui s'occupaient des cas vilains. Les frères Morel font leur spécialité des vilains cas. Ils mourront d'un coup de revolver tiré par une personne qu'ils auront diffamée et que l'on acquittera au milieu d'acclamations.

Avec le douteux Soudey, avec le louche Martinet, les frères Morel venaient, insinuant leurs offres de service, dans l'antichambre de la rue Sainte-Anne, furetant de l'œil, furetant de l'ouïe. Un vrai corps de garde de mouchards ! Visqueux, tout ce monde là, de corps et d'âme ! Car il y en avait, de ces phonographes de la police, dans tous les coins. Et ils prenaient bien des formes.

M. Andrieux nous donne, dans ses « *Souvenirs*

d'un préfet de police, » la définition de l'agent secret, en même temps qu'il nous décrit certains types d'indicateurs policiers *Experto crede præfecto :*

« Les agents secrets ne sont point embrigadés ; ils
» sont payés sur les fonds de police secrète et non
» sur le budget de la police municipale. On ne leur
» demande aucun *émargement* et généralement au-
» cune quittance ; car le préfet dispose librement des
» fonds secrets, n'est pas tenu d'en rendre compte,
» et ne s'expose pas à *brûler* ses agents secrets,
» c'est-à-dire à faire connaître leur participation à
» l'œuvre de la police, en leur demandant d'en si-
» gner l'aveu. Les agents secrets ne cessent pas
» d'exercer la profession et de rester dans la con-
» dition sociale qu'ils avaient avant d'entrer en rap-
» port avec la préfecture. Il importe même qu'ils
» aient un métier ou des apparences de ressources
» pour mieux dissimuler l'origine de leur bien-être...
» L'agent secret, c'est le journaliste qui se fait re-
» marquer pour sa violence contre le gouvernement
» dans les feuilles d'opposition, c'est l'orateur qui,
» dans les réunions, demande aux prolétaires d'en
» finir avec l'exploitation capitaliste ; c'est le Mon-
» sieur qu'on voit, à Saint-Augustin, à tous les an-
» niversaires bonapartistes, avec un bouquet de vio-
» lettes à la boutonnière, c'est encore celui que vous

» rencontrez dans les plus purs salons du faubourg
» Saint-Germain avec des fleurs de lis partout où il
» peut en mettre. L'agent secret se recrute dans
» toutes les couches sociales : c'est votre cocher,
» c'est votre valet de chambre, c'est votre maîtresse,
» ce sera vous demain, pour peu que la vocation vous
» prenne, à condition, toutefois,que vos prétentions
» n'excèdent pas vos mérites, car ceux qui sont à
» vendre ne valent pas tous la peine d'être achetés.
» Le salaire n'est pas fixé par un règlement ; il est
» soumis à la loi de l'offre et de la demande ; ce
» n'est pas toujours l'importance des services ren-
» dus qui en détermine la quotité : il n'en coûte pas
» cher de faire surveiller les anarchistes, les collec-
» tivistes et tous les apôtres de la révolution so-
» ciale..... »

Ce qu'il s'agissait d'espionner en M. de Mores, c'était moins le *gentleman* accompli, l'homme de cercle ou l'officier de cavalerie dans la réserve, c'était l'*apôtre* comme il est dit ci-dessus. Et à en juger par les spécimens d'agents à peine secrets qui fréquentaient au rez-de-chaussée de la rue Sainte-Anne, cet espionnage n'a pas dû grever d'une bien forte somme le budget de la *préfectance*.

L'on voyait également là une autre catégorie d'indicateurs qui ne relevaient d'aucun bureau gouvernemental. C'étaient les *officieux* du métier, les policiers marrons que des agences d'information mettent au service des particuliers qui veulent être renseignés. Il n'y avait pas qu'à la place Beauvau et à l'administration de la cité que l'on tenait à être informé de ce que pouvait dire, ou faire, ou penser M. le marquis de Morès. Les agents secrets de la Juiverie louvoyaient dans ses alentours. La plupart d'entre eux *travaillaient* pour le compte de la rue Laffitte ; quelques-uns étaient dépêchés par la Synagogue. Il y aurait là certains types curieux à croquer en passant, mais comme d'un moment à l'autre on peut les revoir, — les mêmes — il vaut mieux ne pas les *brûler* encore.

La ligue antisémitique avait trop de points de contact avec M. de Morès pour s'isoler de lui dans le mouvement qu'il cherchait à créer. Aussi, bien que M. Drumont ne parût jamais au comité de la rue Sainte-Anne et restât complètement étranger à la politique qui s'y faisait, il n'en figura pas moins à côté de M. de Morès dans ce que l'on peut appeler les grandes soirées de l'antisémitisme. Toutes ne furent pas organisées par M. Drumont et ses amis directs. En dehors d'eux il existe pas mal d'antisé-mites dans le pays. C'est ainsi qu'un comité révi-sionniste, mais non boulangiste, du IXe arrondissement, vint inviter M. marquis de Mores et M. Drumont à une réunion qui se donnait dans ce quartier et où la question juive devait être traitée contradictoirement, ce qui ne s'était jamais fait encore. M. Drumont se décida difficilement à y aller. Le terrain lui était inconnu. Il ne se trouvait plus, comme à Neuilly, en présence d'un meeting où l'assistance était triée. Cependant la réunion des Fantaisies-Parisiennes, rue Rochechouart, fut pour l'antisémitisme un succès d'autant plus grand que des orateurs juifs s'y firent entendre; du moins ils le tentèrent. Ils n'eurent ni arguments ni éloquence, et ne brillèrent pas auprès des leaders de l'antisémitisme auxquels il manque cependant bien des qualités de l'orateur, et, surtout, l'habitude des foules.

Mais la presse n'avait pu s'empêcher de parler de cette nouvelle manifestation, pas plus qu'elle ne put taire celle qui eut lieu à un mois de là, le 18 avril, à la salle des conférences du boulevard des Capucines. L'affiche portait les noms de MM. Drumont, Jacques de Biez et Mores. Un grand nombre de juifs occupaient des places et le discours de M. Drumont fut interrompu par un tumulte violent. On se battit. M. Naquet qui était venu là, sans doute pour riposter, se retira. Quelques journaux ont prétendu qu'il avait été malmené. C'est faux. M. Naquet était entré par la porte de l'administration et se trouvait au milieu d'un groupe compacte d'antisémites. On lui laissa opérer très tranquillement sa retraite en s'écartant, même, pour lui faire de la place. La bagarre avait lieu, à l'autre bout de la salle, du côté de la porte réservée au public. Les coups sont partis spontanément, sans entente préalable, sans mot d'ordre donné. L'insolence des Juifs, qui ne cessaient d'interrompre, — la vieille *impudentia judæorum*, — agaça les nerfs de quelques bons Français qui se trouvaient là, qui ne s'étaient jamais vus auparavant et qui ne se reconnaissaient même entre eux par aucun signe de ralliement. Beaucoup n'étaient pas de la ligue, qui tapaient tout de même. Cela pourrait servir d'enseignement aux messieurs d'Israël..... *Et nunc Erudimini!*....

Les Juifs trop bruyants une fois expulsés — les plus Juifs de l'assistance, comme disait le lendemain un journal radical — les orateurs purent continuer à parler. L'on pouvait voir alors des Juifs restés dans la salle, qui, rendus prudents par cet auto-da-fé de coups de canne et de coups de poings, applaudissaient, pour se garantir, des tirades antisémitiques. M. Drumont avait refait, à peu près son discours de Neuilly et des Fantaisies-Parisiennes. M. Jacques de Biez racontait avec esprit sa campagne anti-juive en Roumanie. M. de Morès accentua la vigueur révolutionnaire de son socialisme. Il voulut être me-

naçant pour la juiverie possédante et le parlementarisme des nantis. Il fut surtout imprudent. Il est
vrai que l'athmosphère était surchauffée par la lutte
toute physique qui venait d'avoir lieu. Ça sentait la
bataille encore. L'on se regardait avec des yeux
mauvais, et bien des poings restaient fermés. Les
finesses oratoires, les précautions de la parole sont
malaisées à garder quand l'on sent « du muscle dans
l'air. » M. de Mores se trouvait sous la suggestion des
violences du milieu ambiant.

L'anarchie dont il se servait et qu'il se vantait de
mener fut montrée toute prête a se ruer sur la propriété. Il jonglait avec la dynamite, et des armées de
repris de justice évoluaient. Aucune nuance ne pal-
liait cette brutalité trop voulue — sincère assurément pour qui connaît l'homme — mais qui portait
à faux. Elle compromettait surtout l'idée antisémitique que ses adversaires solidarisaient avec les idées
particulières de M. de Mores dont la présence était
assurée dans les réunions des candidats antisémites,
à côté de M. Drumont, leurs deux noms, mariés par
l'affiche, voués, il semblait, à une inséparabilité absolue. L'antisémitisme pouvait passer pour une
forme d'anarchie, une doctrine anti-sociale. Il y a
là un danger, au point de vue d'une idée qui est
belle et généreuse, et si désintéressée. L'instinct de
a propriété est développé, en France, jusqu'à la

férocité, jusqu'au paradoxe. L'on s'y effarouche quand on voit toucher à la propriété, même injuste. D'autant plus que l'opinion publique au fond, simpliste, ne voit pas la démarcation exacte. Et des gens pouvaient penser : « Nous sommes dépouillés par les juifs, c'est vrai, mais si les antisémites vont venir nous enlever ce qui nous reste, ce n'est pas la peine. » Car il est bien certain qu'une armée de malandrins lancée contre la propriété juive n'aurait pas fait de distinction. L'ermitage de Soisy-sous-Etiolles n'eut pas été plus à l'abri que l'hôtel de la rue St-Florentin.

Il est juste de dire que la pensée de M. de Mores s'atténuait, comme aussi sa forme, quand son esprit, facilement soumis à l'intoxication morale des milieux, y échappait un moment.

M. Alfred Naquet l'ayant pris à partie fort vivement dans la *Presse*, il ne répondait pas au zélé défenseur des sémites par des diatribes que la violence de l'attaque eût justifiées ; il se contentait d'adresser la lettre suivante :

« Paris, 28 mars 1890.

» Monsieur le rédacteur en chef de la *Presse*,

» Dans votre numéro de ce matin, je lis sous la
» signature de M. Naquet un long article où je suis
» attaqué violemment. Mon but, et, je l'espère, celui
» de M. Naquet, est le renversement de l'état de
» choses actuel. Il faut donc éviter la division dans
» les colonnes d'assaut. Après la victoire ou la dé-
» faite, je répondrai à M. Naquet. Moi aussi, je veille.

» Recevez, etc...

» MORES. »

M. Naquet se rendit plusieurs fois à des réunions où M. de Mores était annoncé. Il y avait,
chez ce juif débile de corps, un courage civique réel
à se dresser ainsi en champion d'une race qu'il affec-
tait de tenir pour opprimée, tout au moins me-
nacée. Le marquis de Morès ne manqua jamais
d'aller saluer cet adversaire de marque chaque fois

qu'il se trouva sur la même estrade. Même, il lui
serra la main, avant de commencer la lutte, ainsi
qu'il est d'habitude parmi les lutteurs forains. Et les
spectateurs proches, témoins de ce petit jeu de
scène, applaudissaient. Cela aussi ne devait vraisemblablement pas déplaire à M. Naquet, plus favo-
risé, dans ses rapports de juif à chrétien, que ne
l'avait été M. Camille Dreyfus.

Dans les réunions publiques où l'élément était purement ouvrier, M. de Mores, s'il n'avait pas les
sympathies ni la confiance de la majorité, était toujours bien écouté. Cela intéressait de voir venir au
milieu de ces assemblées de travailleurs manuels,
ce grand jeune homme à l'allure aristocratique, à la
physionomie avenante, et si mâle. Il se campait crânement devant son auditoire, revendiquant avec
franchise toutes les responsabilités de ses théories,
avouant hautement ses origines, racontant son passé
court, mais bien chargé d'aventures, de recherches,
décelant, en tout, un tempérament d'action qui ne
déplaisait pas. S'il ne se fût pas porté tout à coup,
sans préparation, brutalement, sur le terrain de la
petite politique, si son ambition de tribun eût été
plus patiente — avec quelque chose de confiné, de
studieux qui lui manquait — M. de Mores aurait pu
agir, à la longue, sur les foules.

Les réunions anarchistes — ce serait un contre-sens — n'ont jamais passé pour les parangons du calme et du bon ordre. M. de Mores parla un soir devant une salle anarchiste — une salle comble, entièrement faite par les compagnons — et il fut écouté. Ses affirmations de catholique, ses déclarations de patriote firent regimber mais l'on ne cogna pas. Cet apprivoisement — le *Taming of the Shrew* de l'anarchie — se passait dans un café-concert de l'avenue de Clichy. La police avait déployé des forces spéciales pour cette soirée oratoire qui comportait plusieurs numéros à sensation.

Indépendamment du marquis de Mores, Mlle Louise Michel se fit entendre. Cette bonne vieille femme toute noire, toute sèche, si brave, si convaincue, n'est pas cette image effroyable à la fois et saugrenue qu'on a souvent essayé de représenter. Négatrice de tout, athée, destructive, elle a, par un renversement bizarre, une grande foi, un mysticisme intense, des affirmations d'idéal qui émeuvent. Dans son éloquence, qui est très réelle, très sienne, Mlle Louise Michel met quelque chose de lumineux, de fort doux dont on se sent pris. Et cependant cela effraie. Du rouge passe en reflet à travers cette petite limpidité claire qui coule, ondulant dans un silence d'oraison. Car on l'écoute religieusement au milieu du respect de tous ces hommes qui ne s'aiment guère, et, après elle, entre eux, se reprocheront des affaires louches. On ne laissera pas parler le compagnon Soudey, et Martinet, le paria, n'aura pas même un succès d'estime.

Mais d'autres, qui parlent, ont plus de chance, et, — il faut le reconnaître — ce qu'ils disent est bien dit. On parle mieux, en général, dans une réunion anarchiste que dans un meeting socialiste ordinaire. Il s'y débite moins de lieux communs. Cela tient aussi à ce que l'on y fait moins de politique. Du reste le niveau intellectuel — cela est à remarquer — est plus élevé chez les anarchistes. La société actuelle a été beaucoup trop une fabrique de déclassés pour que cela étonne. Mais le changement cataclysmique viendra-t-il à leur appel ?

M. de Mores, dans les réunions où il se prodiguait, développait ses idées sur les réformes sociales.

Son socialisme pivotait sur la théorie, assez complexe et fort controversée dans tous les cas, du prêt au syndicat. Il voulait mettre le consommateur en rapport direct avec le producteur. Dans une *interview* publiée par le *New-York Herald* il faisait cette déclaration de principes :

« Nous sommes l'adversaire d'un état de choses qui permet à une secte de quelques milliers d'individus de faire la loi à une nation composée de millions d'âmes. Les Français croient théoriquement se gouverner eux-mêmes ; mais, en pratique, ils sont gouvernés par un certain nombre de commis et de sous-secrétaires des bureaux des ministères. Les Juifs, par leurs spéculations et par la haute main qu'ils ont sur les principales institutions de crédit, ont paralysé l'industrie et l'activité nationales. Ce que nous demandons, c'est que cette tyrannie financière cesse ; que le travailleur puisse trouver dans ce qu'il achète à peu près la valeur de l'argent qu'il paie ; que le consommateur puisse s'entendre directement avec le producteur, et échapper aux bénéfices énormes faits par les intermédiaires ou les Juifs. »

Le *Figaro*, au cours de la campagne électorale, avait dit de lui : « Il fera une guerre acharnée à tous les Juifs et à tous les riches et mettra sa fortune à la disposition des révolutionnaires. » M. de Mores répondait au *Figaro* par un développement du programme ci-dessus. Il s'affirmait socialiste et pensait que la révolution s'imposait. Quant à la question juive, il la traitait incidemment. Les lois actuelles, toutes faites en vue d'une centralisation politique, administrative et financière, sont devenues une arme dangereuse entre les mains des juifs. Il

faut donc changer ces lois, après quoi les juifs ren-
treront dans la loi commune. En attendant, une
haute cour de justice populaire, sur la formation
de laquelle il ne s'expliquait pas, serait chargée de
faire rendre gorge aux accapareurs. Il finissait en
déclarant que, s'il le fallait, il paierait de sa personne pour faire triompher ces revendications.

Elles ne firent pas naitre un enthousiasme particulier
dans la foule, surtout à propos d'élections municipales. Le prèt au syndicat, la haute cour populaire, le
crédit ouvrier, la suppression des intermédiaires
constituèrent le fond de la dialectique de M. de
Morès au cours de la campagne électorale qu'il fit,
pour son propre compte, dans le 17me arrondissement, ou pour soutenir ses amis et protégés dans les
quelques quartiers où ils se portaient. Ses affiches et ses
circulaires étaient la raproduction des mêmes idées :

« Dans l'état de fausse république où nous
» vivons il importe que le socialisme soit nettement
» révolutionnaire... La question sociale représente
» le droit au travail et le droit à la vie.... Devant
» l'égorgement de la France et de la République
» la révolution sociale peut seule nous sauver.
» Pour lutter contre la tyrannie administrative
» dirigée par des accapareurs masqués, il faut orga-
» niser le travail de France ; pour cela il faut la liberté

» absolue d'association, afin de permettre aux forces
» vives de la nation de se grouper naturellement au
» lieu d'être divisées par les formes administratives ;
» ensuite, donner à ces groupements les moyens d'ac-
» tion par le crédit ouvrier alimenté par un léger pré-
» lèvement sur le travail lui-même et géré directement
» par les associations ouvrières ; enfin, au point de
» vue administratif, l'autonomie communale la plus
» complète, car le travail et les communes peuvent
» seuls sauver la France. »

Il se déclarait, en finissant, catholique — ce qui était
courageux mais pas très politique peut-être — et,
comme catholique, il demandait, ce qui, aux catholiques, doit sembler un blasphème déplorable et une
condamnable hérésie, la séparation de l'Eglise et
de l'Etat. « Car je suis prêt, disait-il, à payer les
services du prêtre sans intermédiaire. »

Si les libres-penseurs dogmatiques étaient mis
en méfiance par la qualité de catholique que le candidat revendiquait, les cléricaux ne pouvaient manquer de tenir en très grande suspicion l'homme qui ad-
mettait la théorie du fidèle payant le culte. M. le curé
n'aime pas les os quand ils sont trop désincarnés et il
préfère encore ronger la pitance maigre du budget des
cultes plutôt que de courir l'aléa de ce casuel.

D'ailleurs il ne pouvait être question de tout cela à

propos de l'élection d'un conseiller municipal aux
Epinettes. Les partis en présence le savaient bien,
mais ils eurent, quelques-uns, l'illusion de croire
qu'on pouvait s'intéresser à ces choses. Ici, comme
dans beaucoup d'autres quartiers, ce fut l'ancien
possesseur du siége qui le garda. Chez nous l'on
aime assez la possession d'état. Dans tous les cas,
c'est bien souvent un titre. Et puis il ne mettait pas
sur le tapis des questions que l'on n'avait aucune
impatience d'y voir mettre. M. Brousse, l'adversaire
gouvernemental de M. de Mores, avait donné la
mesure du mal qu'il pouvait faire : il y avait des
chances pour qu'il ne la dépassât pas. C'était un
possibiliste, c'est-à-dire un socialiste de gouvernement, ou plutôt ce que l'on pourrait, peut-être, appeler un socialiste avec garantie du gouvernement.
Athée pratiquant il n'en est pas moins le neveu
d'un archevêque. Il y avait là des garanties de sta-
bilité et de tranquillité dans le Jacobinisme — le
petit train-train social avec juste la dose de révolutionnaire que l'on y aime. Tandis qu'avec cet autre
socialiste trop nouveau — d'un neuf qui effrayait —
trop marquis, trop chasseur des jungles, trop socialiste aussi, — d'un socialisme que l'on ne saisissait
pas bien — l'on ne savait pas à quelles choses extraordinaires on en pouvait arriver, et sur des questions
de voirie encore !

III

Ce n'est pas faire injure à M. de Mores que de lui
supposer, dans sa marche sur l'Hôtel de Ville, des
visées tout autres que le pavage des rues à assurer
et le curage des égoûts à contrôler. Si les électeurs
des Epinettes l'avaient envoyé dans le *stand* municipal, c'est sur des cibles plus éloignées qu'il eût
tiré. Le gouvernement aurait été mis en joue.

D'un parlement au petit pied où se serait trouvée
une majorité audacieuse, il espérait faire le pivot
d'une action constante, énergique, contre les
hommes au pouvoir ; dresser comme un comité de

salut public contre une Convention. Il ne dissimula jamais ses velléités d'attaque, mais encore voulait-il n'attaquer qu'en vertu d'un mandat, si mince qu'il fût. Battu au premier tour de scrutin, n'ayant qu'un nombre de voix bien inférieur à celui qu'avaient obtenu le possibiliste élu et son concurrent l'investi boulangiste, M. de Mores n'avait pas la prétention de se lancer tout seul dans un mouvement où il ne serait pas suivi.

Qui donc aurait marché avec lui ? Il était un inconnu ou un objet de méfiance pour la masse révolutionnaire. L'armée, comment l'aurait-il eue dans la main ? Dans la très improbable supposition d'un *pronunciamento* militaire, elle n'obéirait qu'à un chef en qui elle aurait une foi aveugle. Et encore faudrait-il que ce chef tienne déjà en mains le pouvoir ou en détienne une partie. Il eût été absurde à M. de Mores de s'essayer à ce rôle.

Le gouvernement fit semblant de le croire, pour corser une affaire toute policière et se donner le facile triomphe d'une journée où la République aurait été sauvée des plus terribles complots.

Le 28 avril, dans la soirée, un homme se présentait au domicile du marquis de Mores et demandait à lui parler pour affaire urgente, de la part de M. Drumont. C'était un des agents les plus vigoureux de la Sûreté, le nommé Maigre qu'on avait dé-

péché pour une besogne qui pouvait n'être pas sans
danger, étant donnée la force physique de M. de
Mores. Le frère de ce Maigre, employé au service
d'une maison de Marseille dans un comptoir de la
côte d'Afrique, faisait partie des Français pris
comme otages, quelque temps auparavant par le roi
du Dahomey.

L'agent Maigre ne connaissait pas M. de Mores
dont le portrait n'a pas eu la publicité débordante
des images du général Boulanger. Un ami du marquis, le comte de La R..., fut pris pour lui par le
policier qui l'accosta. Voyant qu'il s'était trompé,
Maigre resta en faction devant l'hôtel tandis que le
comte de La R... s'en allait.

Quelques instants après, comme il rentrait chez
lui, M. de Mores fut arrêté. C'était à la porte même
de son hôtel, et non dans les Champs-Elysées comme
quelques journaux, à ce moment, l'ont prétendu,
ajoutant qu'il avait pris la fuite. Le marquis de Mores se laissa emmener, au contraire, de la façon la
plus tranquille, se contentant de dire :

— Il faut que le gouvernement me craigne joli-
ment, pour m'arrêter dans un pareil guet-apens.

M. de Mores, de très bonne foi sans doute, se faisait illusion sur le danger que sa petite conspiration
toute en étalage, un peu jeune pourrait-on dire,
faisait courir au pouvoir. M. Constans savait trop

bien où aboutissaient les fils de cette anarchie factice. C'était à une très peu infernale machine où il
n'éclate que le sacramentel « allo ! allo ! ». Tout ce
qui se passait au comité de la rue Sainte-Anne était
connu dans ses moindres détails, comme si l'on avait
eu à la rue des Saussaies et à la rue de Jérusalem,
une oreille de Denis aboutissant chez M. de Morès.
Mais ce simulacre était nécessaire ; il servait à masquer des marches que le Machiavel Gascon de
l'Intérieur préférait tenir cachées. Il faut intéresser
l'opinion à ce mur derrière lequel il se passe quelque chose qu'on ne voit pas, afin de détourner
l'attention et d'empêcher que l'on ne regarde d'un
œil indiscret cette chose qui est autrement sérieuse.
M. Constans, depuis qu'il occupe le pouvoir, a toujours négocié avec les partis d'opposition, pour se
ménager une porte de sortie, le cas échéant, ou pour
se maintenir par un certain jeu de bascule.

Lorsque les *Coulisses du Boulangisme* trouveront,
par un juste retour, quelqu'un qui en dévoilera les
dessous — ce sera, peut-être, encore M. Mermeix —
l'on y verra la main du petit Mazarin de Toulouse.
Le divorce bruyant des orléanistes *fin de siècle* d'avec
les meneurs du Boulangisme, la défiance semée, —
divide ut imperes — la boue jetée, devant, en fin de
compte profiter à un régime dans lequel tout cela
nous enfonce plus avant.

Ce que l'on a appelé l'équipée du duc d'Orléans est loin d'avoir été le coup de tête d'un jeune homme exubérant. Ce fut une opération froidement calculée parmi les jeunes chefs du néo-orléanisme. Ce n'est pas sans raison que M. de Mores pouvait passer pour un de ceux-là. Ses affinités de caste, ses relations de famille, les liens d'amitié qui l'unissaient au fils du comte de Paris et au duc de Luynes qui fut le Pylade de l'Oreste de Clairvaux, donnaient au marquis socialiste une étiquette royaliste assez voyante. On savait qu'il n'était pas étranger à l'enrôlement des camelots — recrues d'âges assez variés — qui figurèrent les conscrits acclamant le prince à la gamelle, et les stagiaires anonymes formant le chœur dont le bâtonnier Cresson fut le coryphée. Il est vrai que les Orléanistes en tant que parti étaient trop enfoncés dans le giron d'Israël, pour suivre le marquis de Mores dans une campagne qui avait un pavillon antisémitique. Aussi avaient-ils bifurqué. M. de Luynes, après l'arrestation du jeune duc, avait été présenté à M. Constans par M. Arthur Meyer qui est, décidément l'*honnête courtier* de tous les marchandages politiques de notre époque. Le duc de Luynes cessa d'avoir des rapports avec M. de Mores pour qui les journaux de la nuance conservatrice ne furent pas très tendres, tandis qu'ils restaient dans une neutralité plutôt bienveillante pour le ministre républicain qui assurait l'ordre dans la rue, leur idéal connu, le conciergerat dont parle M. Drumont. Si M. de Mores par certains côtés, par certaines attaches, semblait faire le jeu des Orléanistes, il faisait en même temps, bien sans le vouloir, et mieux encore, le jeu de M. Constans, son ennemi personnel, en servant d'enseigne au pseudo-complot qu'on montrait aux républicains comme une conspiration royaliste — la vraie — et aux conservateurs comme une manifestion de la pire démagogie.

Le spectre à double face se reflétait de façons diverses suivant l'optique politique des journaux. Les feuilles boulangistes ne voulaient voir, dans l'arrestation du marquis, qu'une rancune de M. Constans contre l'homme qui assurait avoir en sa possession les papiers secrets de Richaud, et ils raillaient doucement l'apprenti conspirateur de la facilité trop crédule avec laquelle il avait *donné* dans certains enthousiasmes anarchiques aisément suspects.

Les organes radicaux emboîtaient le pas derrière les journaux ministériels, pour clamer que le Capitole était en danger. Un d'entre eux insinua, d'une façon plus particulièrement perfide, que la famille du marquis n'était pas fâchée de cette arrestation qui le mettait à l'abri, un jour où il pourrait y avoir du danger pour lui dans la société de ses compagnons en bouleversement social.

Le *Gaulois* ne sortait pas de sa correction de journal du monde vis-à-vis de M. Mores, homme du monde, mais il s'appesantissait beaucoup sur d'extraordinaires découvertes de produits chimiques destinés à de subversives explosions. Le *Siècle* qui est, on le sait, le journal officieux de l'Élysée, vint sournoisement brouiller des cartes que M. Constans avait eu le soin de tenir bien séparées. Le 30 avril, en dernière heure il donnait ceci :

« Des pièces très compromettantes ont été trou-
» vées dans les papiers saisis chez M. le marquis de
» Mores. On aurait découvert une correspondance du
» duc de Luynes à M. de Mores.
» Un commissaire de police se serait présenté au
» domicile de l'ami du duc d'Orléans, mais celui-ci
» n'a pas paru chez lui de la soirée. On le croit en
» fuite. »

C'était un coup droit que le *Gaulois* parait le lendemain avec une lettre du duc de Luynes.

« Je suis indigné de la note mensongère du *Siècle*.
» Je n'ai été nullement en correspondance avec le
» marquis de Mores, ces temps-ci. Je suis tranquille-

» ment à Lignol. Je vous prie de démentir cette in-
» famie avec toute l'énergie possible. »

LUYNES.

Le descendant du fauconnier italien de Louis XIII
n'a pas le sentiment des nuances de la langue française très développé. Supposer qu'il ait pu conspirer,
ou être en correspondance avec M. de Mores, son
ami, ne sont point des infamies. La grosseur intem-
pestive de l'expression prouverait seulement à quel
point l'on est désolé de passer, depuis quelque temps,
dans ce parti-là, pour un ennemi du gouvernement.

Du reste, dès la veille au soir, le *Temps* avait pris
le soin de dégager le duc de Luynes de l'aventure
de M. de Mores. Le *Siècle*, qu'on n'ose pas démentir,
répond le lendemain qu'il tenait l'information de la
préfecture de police.

« Notre informateur habituel nous a apporté, avant-
» hier, à deux heures du matin, la nouvelle qu'une
» correspondance du duc de Luynes avait été saisie
» chez le marquis de Mores. Cette nouvelle, il l'avait
» recueillie dans sa dernière course à la préfecture
» de police. Comme on disait, d'autre part, que
» M. Clément s'était présenté dans la journée au

» domicile du duc et qu'il avait constaté son absence,
» nous nous sommes assurés depuis que ce bruit
» avait pris un moment une telle consistance qu'on
» avait demandé, dans la nuit, des renseignements à
» ce sujet au ministère de l'intérieur. »

Ce filet était, à cause de la source... élevée dont
il émanait, destiné à clore l'incident sur un « je sais
ce que je sais, si je n'en dis pas plus long, c'est que
je le veux bien. » De l'Élysée à la place Beauvau on
s'envoie de ces sous-entendus en passant par la rue
Chauchat. Du reste, à la perquisition opérée chez le
marquis de Morès, on ne trouva comme pièces à
conviction que deux lettres de M. A. Meyer. Le nom
du duc de Luynes y était prononcé, mais pour des
affaires personnelles. Il en sera question au procès.

Le samedi 3 mai, le marquis de Morès était remis
en liberté provisoire. La République avait doublé
sans encombre le cap redouté du 1er mai. Tout était
pour le mieux sous le meilleur des ministres à
poigne. M. Carnot pouvait aller digérer paisiblement
le saumon à la sauce verte offert par l'enthousiasme
officiel du midi.

Anarchie incohérente, socialisme international ou
orléanisme provocateur, quelle que fut la pensée qui

présidât à l'organisation ratée du 1er mai, ce ne
pouvait pas, ce ne devait pas être une journée pour
l'antisémitisme. Il importait donc qu'on n'attribuât
pas à la ligue une action quelconque sur les désor-
dres qui pouvaient se produire, et dont elle n'avait
aucun bénéfice moral à retirer. Une affiche très
explicite, bien logiquement motivée, fut tirée à un
petit nombre d'exemplaires et placardée la veille de
la *Fête du Travail.*

« Habitants de Paris, on nous écrit de tous côtés
» pour savoir quelle sera l'attitude de la Ligue, dans
» la journée du 1er mai. Cette attitude nous est dic-
» tée par les événements. Nous ne pouvons pren-
» dre, et nous n'acceptons aucune responsabilité
» dans une manifestation dont le signe de rallie-
» ment est le triangle maçonnique des Juifs, et dont
» le programme n'est même pas écrit par des
» Français, puisque tout le monde y a relevé la faute
» d'orthographe habituelle aux reptiles étrangers.
» Nous n'avons jamais cessé, et nous ne cesserons
» jamais de vouloir affranchir notre malheureux
» pays du joug de la Juiverie allemande. Nous n'a-
» vons pas prêché le pillage comme on l'a menson-
» gèrement affirmé, nous avons tout au contraire
» demandé que l'on punisse ceux qui avaient pillé.
» Nous avons réclamé l'égalité devant la loi et de-

» mandé que l'on poursuivît le banquier qui vole cent
» millions, comme on poursuit le pauvre diable qui
» vole cent sous. Il semblait que tout le monde dût
» s'unir à nous pour combattre cette Haute Banque
» internationale, qui a couvert notre pays de tant
» de ruines. Tout le monde, en effet, avait été atteint :
» les riches avaient eu l'Union générale. Les petits
» épargnistes avaient perdu dans le krach du Pa-
» nama et du Comptoir d'Escompte le fruit de lon-
» gues années de travail. Les ouvriers de l'usine
» Cail, les bouchers de la Villette, les travailleurs
» du cuivre avaient été menacés dans leur existence,
» dans leur droit à la vie. Il paraît que les Français
» d'aujourd'hui trouvent cela très bien, puisqu'ils
» ne votent pas pour nous. C'est leur droit, et les
» Juifs ont raison de se réjouir d'un triomphe qui
» n'est peut-être que momentané. Quant à nous,
» nous avons fait notre devoir et nous le faisons en-
» core aujourd'hui. Prêts à aller en prison pour
» notre cause, nous conjurons nos amis de ne pas
» s'exposer à y aller en se mêlant à d'équivoques
» manifestations. *Vive la France aux Français !* »

« Le Président, Edouard DRUMONT. — Le Délégué
» général, Jacques de BIEZ. — Le Secrétaire, J-E.
» MILLOT. »

Elle dégageait nettement la responsabilité des antisémites sans désavouer le marquis de Morès qui s'était fait, sur bien des points, le protagoniste ardent de l'idée. S'il expiait, dans une cellule du dépôt, une confiance déplacée dans l'efficacité de la propagande par le fait, et une prédilection exagérée pour les échéances fixes en fait de Révolution, il n'en restait pas moins, pour le chef de l'antisémitisme l'ami dévoué, le courageux compagnon de lutte sur le concours duquel on pouvait toujours compter aux heures où il faudrait peiner.

Si la justice ne fouilla pas dans les papiers de la ligue antisémitique, c'est qu'elle était bien sûre d'y faire buisson creux. La rue Lepic n'avait jamais été le noyau d'aucune conspiration. Dans cette petite chapelle où M. Drumont aimait à remiser ses encensoirs, il ne pouvait y avoir de dynamite. Le presbytère de la rue de l'Université ne reçut aucune visite de commissaire aux délégations judiciaires. L'ennemi des Juifs exhalait son mécontentement contre les chrétiens d'une voix que les parlotes électorales, affrontées bien à contre cœur, avaient terriblement enrouée. Et il s'en allait tranquille, dans la sérénité un peu amère des grands incompris, se reposer de toutes ces fatigues, de tous ces tracas, de tous ces remuements insolites qui avaient troublé un instant sa vie de travailleur calme, sous les frais ombrages de la forêt de Sénart.

Un des exemplaires de l'affiche par laquelle les antisémites déconseillaient la manifestation du 1er mai, fut collé dans la nuit, par un afficheur fallacieux, sur la maison même d'un gros Juif. Au matin, dans le personnel domestique, grand émoi! Le nom en vedette de la ligue antisémitique fait croire à tous ces gens que ce terrible papier est la marque faite par l'ange exterminateur. Ils ne prennent pas la peine de lire le reste, et s'en vont, affolés, vers les maîtres de céans, rapporter le *Mane Thecel Pharès* qu'ils ont lu sur les murs. Convaincus que c'est là le signal d'une Saint-Barthélemy imminente, ils demandent à faire régler leurs comptes et à s'en aller. Le patron qui sait que ce n'est point encore le moment pour Israël de succomber, répond que ceux qui voudront s'en aller, s'en iront… mais ne reviendront plus. Une femme de chambre, plus timorée que les autres, s'enfuit loin de ce toit destiné à voir un aussi féroce carnage; quand elle essaya de revenir le 2 mai, on lui signifia que son renvoi était définitif. Voilà une révocation qui est imputable à l'auteur de *La Dernière Bataille.* Peut-être cette bonne viendra-t-elle, comme la Virginie de ce livre, fournir à M. Drumont quelques pages de jolie copie pour son prochain volume !

8

Pourtant on n'en avait pas moins essayé, sinon de compromettre la ligue dans l'affaire du 1er mai, au moins de faire croire qu'elle n'aurait pas été fâchée de voir certains incidents s'y produire ou d'y faire évoquer certains souvenirs. L'*Echo de Paris* du 30 avril racontait ceci :

« Des braconniers, on s'en souvient, ont voulu esca-
» lader la propriété de M. de Rothschild à Boulogne.
» Un des gardes de service a accompli son devoir, si
» cruel qu'il fût. Il en est résulté le fait, évidemment
» lamentable, qu'un des hommes a été tué. Or, M. de
» Mores, savant metteur en scène, avait résolu de
» l'exploiter, ce fait. Un mannequin qu'on promenait
» sur un brancard, jusqu'à l'hôtel de la rue Laffite,
» ameutait la foule et soulevait la passion populaire !
» Evidemment, l'idée était originale, elle n'avait qu'un
» défaut : celle de ne pouvoir être appliquée. Peut-être
» bien en avait-elle un autre, c'était de prendre les
» imbéciles pour plus bêtes, au demeurant, qu'ils ne
» sont. Nous avons dit hier comment M. le marquis de
» Mores a été arrêté, après une course où son essouf-
» flement l'avait trahi, avenue des Champs-Elysées...

On a vu que c'était faux.

Un des anarchistes aussi compromis que compromettants que nous avons vu auprès de M. de Mores fut l'auteur d'un placard où il dénonçait une superstition juive atrocement cruelle, que des travaux récents et peu connus du grand public sur le Talmud, ont mise en lumière.

« Dans leur sauvage superstition, ils pensent con-
» jurer le 1er mai en célébrant leur mystère du sang ;
» ils se sont résolus à commettre une fois de plus
» l'assassinat talmudique, et ils cherchent en ce
» moment un petit enfant pauvre à voler, pour,
» la veille du 1er mai, rituellement, le saigner.
» Frémissez, mères, mais veillez sur vos bébés.
» Les Juifs ont toujours préféré sacrifier à Moloch,
» qui exigeait des victimes humaines, qu'à Jéhovah.
» Déjà, sous Moïse, il fallait établir des peines contre
» les molochistes qui égorgeaient, non un agneau
» ou une génisse, mais un petit enfant ou une jeune
» fille. Le Pentateuque s'efforçait de prévenir les juifs
» contre les instincts qui les attirent vers la volupté
» du sang : « Ne fléchis pas, résiste à l'inclination de
» manger du sang, non, tu ne dois pas manger du
» sang. » Mères pauvres, ne laissez pas, d'ici au
» 1er mai, vos enfants sans surveillance ; et surtout
» le 1er mai, mères, si vos maris et vos frères veulent
» sortir contre les accapareurs qui, non contents de
» s'engraisser de la sueur des hommes, se repaissent
» du sang des enfants, ne faites rien pour les re-

» tenir, ne dites rien qui puisse diminuer leur indi-
» gnation, amollir leur courage. »

Déjà on avait essayé d'impliquer l'antisémitisme
dans une sorte de connivence avec l'orléanisme. Les
inavouables frères Morel avaient placardé à la veille
de l'élection municipale dans le IXe arrondissement,
quartier Rochechouart, où se présentait un oppor-
tuniste juif, M. Strauss, une affiche visant spécialement ce candidat, et qui conseillait au nom du pa-
triotisme, de voter pour... le conscrit de France,
prisonnier à Clairvaux. Enfin, quoique l'on eût essayé,
la ligue antisémitique sortit indemne de l'épreuve
— qu'elle redoutait peut-être trop à tort — du 1er
mai. Les coups passèrent au-dessus d'elle. Ce ne
furent ni les socialistes qui les reçurent, d'ailleurs,
pas plus que les anarchistes ou les boulangistes.
Tous ces braves gens étaient restés chez eux, ou bien,
comme M. Drumont, avaient été chercher l'air pur
des champs ou la brise des bois. Ce furent les
passants qui éprouvèrent, sans avoir de velléités
anti-gouvernementales, la solidité des poings policiers. Et, pendant que les prétoriens de M. Constans
malmenaient sur la place de la Concorde quelques
dangereux meneurs qui s'appelaient le maréchal de
Mac-Mahon, le duc de Montebello, M. de Lesseps,
le comte de Chaudordy et M. Balny d'Avricourt,

consul général de France à Hambourg, les beaux messieurs de la rue Royale, au balcon du cercle, suivaient avec des lorgnettes les péripéties de l'émeute, et voyant que la police tapait du peuple, ils frappaient des mains et criaient « bravo, Constans! »

Il y avait quelque chose de sauvé en France. On ne savait pas au juste quoi, mais enfin le sauvetage y était.

M. Constans devenait le lion du jour. Il était l'homme hardi qui bat et qui fouaille. On l'adorait au faubourg noble.

U [illegible]

m [illegible]
m [illegible]
l'e [illegible]
fa [illegible]
p h [illegible]
ll [illegible]
er [illegible]
q [illegible]
ti [illegible]
a [illegible]

IV

Le 4 juin, la société que M. de Morès avait vainement essayé d'ébranler, prenait sa revanche. Le marquis Catilina devait, à la 9ᵐᵉ chambre, subir l'éloquence indignée d'un substitut et les sarcasmes faciles d'un juge.

Sec, anguleux, à l'air rêche, très pisse-froid, un peu bègue, — Démosthène avec les cailloux dans la bouche — M. Toutée est une façon de Delesvaux. Il a la spécialité des causes politiques, toujours ennuyeuses pour un brave homme de magistrat, ce qu'il est, au demeurant, avec la routine et la casuistique voulues et tout, jusqu'à la pointe cherchée, amenée, pendant qu'un coup d'œil en rond dans

l'assistance, cherche l'effet et provoque la claque discrète des sourires : un genre un peu passé, laissé
aux vieux magistrats de province qui traduisent
Horace.

Une figure noiraude, barbue, hébraïque peut-être,
tout au moins très du midi, avec une désinvolture
mal élevée, un débraillé d'étudiant en droit trop tôt
transvasé de l'estaminet au prétoire, tel est à peu
près M. Lombard, substitut. Il a un faux air de
Gambetta jeune, mais moins emballé, moins bon
enfant. Les Lombards ont toujours été tenus pour
moins fins que les Génois, mais aussi on les regardait comme des manières de Juifs. Le substitut ne
cherche pas de piquants *concetti* à la façon de son
président. Il lui suffit — on fait ce qu'on peut — de
se renverser dans sa stalle, en des attitudes dédai-
gneuses, avec des moues méprisantes. « Fumiste... »
est le « *quousque tandem* » dont il essaye d'écraser
M. de Morès. Ce sera la note qu'il s'efforcera de
donner à ce procès d'où rien de bien nouveau ne
surgira, si ce n'est l'éternelle procédure de tendance,
le souci de juger...par la fenêtre pour qu'on entende,
comme le disait Me Demange, qui ajoutait : « Il est
convenu que M. le substitut et moi nous parlons ici
autant pour le public que pour le tribunal. »

On sent bien que les débats sont conduits pour la
galerie et allongés bien inutilement, étant donnés les

faits ou plutôt le fait en cause : le prospectus relatif
à la fête du 1er mai. Car on ne retient rien des autres
inculpations, ni la provocation à la désobéissance
adressée à des militaires, ni la provocation au
meurtre, au pillage et à l'incendie. Avec la meilleure
volonté du monde et les meilleurs agents provo-
cateurs de la préfecture, il est impossible d'introduire
ces accusations dans le procès.

La *Gazette des Tribunaux* a donné de cette affaire
un compte-rendu impartial que je reproduis pour
fixer — en un simple aperçu — la physionomie
d'une inquisition politique sous la République op-
portuniste.

Les deux prévenus sont : 1° M. Antoine-Amédée-
Vincent-Marie-Manca-Amat de Vallombrosa, marquis de Mores, trente-et-un ans ; 2° M. Gaston Vallée
trente-trois ans.

. . . .

M. le président interroge M. de Mores.

Le prévenu explique qu'il a donné sa démission
d'officier en 1881, pour se marier ; il n'aimait pas
la vie de garnison, il a préféré être officier de réserve,
ce qui lui permettrait de rentrer dans la carrière
comme il l'aime, c'est-à-dire en temps de guerre ; il
ne voulait pas être un inutile, il s'est occupé sde

questions économiques et sociales ; il est allé en Amérique où il a étudié les questions financières, puis il s'est intéressé à l'élevage des moutons et des bœufs; il a vu que leur prix pouvait être abaissé d'un quart par la suppression des intermédiaires ; de là, une accumulation de haines contre lui ; de là, il est allé dans le Far West, s'est fait éleveur, a eu de nombreux troupeaux, a fait baisser le prix de la viande, puis il a été écrasé par la coalition formée contre lui par des concurrents; en 1887 il a payé ses dettes et est allé aux Indes où il est resté huit mois. De retour à Paris il a fait un rapport à M. Goblet et offert d'appliquer au Tonkin un système de chemin; il a reçu une lettre de recommandation auprès de M. Richaud. Il est allé au Tonkin, a traité avec des pirates qui ne gagnaient que sept sous par jour à faire de la piraterie et à qui il en donnait dix ; il est resté au Tonkin d'octobre 1888 à avril 1889. Ce qu'il a vu au Tonkin l'a indigné et, aux élections législatives, il a cru de son devoir d'attaquer le gouvernement qui tolérait un pareil état de choses. M. de Mores est convaincu qu'il est indispensable de s'occuper de la question sociale; il s'en est occupé c'est son droit. Il s'est occupé de politique après la mort de M. Richaud.

Sur interpellation comment il a connu M. Mordacq, il répond que celui-ci est allé le trouver au

cercle de la rue Royale et lui a demandé des secours
pour les employés révoqués ; il lui a répondu qu'à
l'occasion de sa candidature, il aurait besoin de
quelques jeunes gens ; quant à Mordacq, il l'a employé à raison de 250 francs par mois.

M. le président fait connaitre au prévenu, qu'à
l'occasion de l'arrestation du duc d'Orléans, il devait provoquer une agitation autour du Palais de
justice.

M. de Mores proteste contre la qualification
d'anarchiste ; c'est une calomnie, dit-il, de le traiter
d'anarchiste.

M. le Président : Alors vous vous calomniez vous-
même, dans les réunions publiques.

M. le président rappelle qu'après les élections législatives, le logement de la rue Sainte-Anne était
loué par le prévenu qui, là, s'est entouré de gens
qui connaissent le Tribunal correctionnel et que le
Tribunal connaît ; Martinet, anarchiste très connu,
a reçu de l'argent de Mores. — Un autre, très connu
du Tribunal, lui aussi, donnait des consultations ju-
ridiques à Mores, Marius Morel.

Le prévenu : Morel est venu m'apporter des renseignements sur des questions que j'étudiais, je lui
ai donné 500 francs en deux fois, pour ces renseignements, mais il ne m'a jamais donné de consul-
tation juridique.

A propos de ces mots imputés au prévenu : « nous passerons des paroles aux actes » :

Qu'entendez-vous, lui demande M. le président, par actes ?

Le prévenu (après un temps) : J'entends par actes le vote, le bulletin.

M. le président : Vous avez mis bien du temps à trouver cette explication qui vraiment n'est pas sérieuse. Quand vouliez-vous passer aux actes ? — R. Cela devait dépendre des circonstances.

M. le président : Pour un antisémite, vos réponses sont assez judaïques.

M. le président lui rappelle ces autres paroles : « la Révolution ne peut être faite que par des hommes qui ne reculent devant rien, par des hommes qui se montrent non pour parler, mais pour agir ; non pour quémander, mais pour prendre. »

Quant au journal l'*Assaut*, sa création lui en a été proposée par Pemjean ; il a accepté pour 6 numéros à raison de 250 francs par numéro, il a donc fait 6 versements de 250 francs chacun. Ce journal était créé pour soutenir la candidature de Morès.

M. le président donne lecture du compte rendu d'une réunion publique où on raconte une scène d'enthousiasme dans laquelle M. de Morès a embrassé Louise Michel.

Le prévenu : J'ai été fort malmené à cette réunion ;

on m'a dit : vous êtes le passé ; j'ai répondu : le passé
est mort, à nous l'avenir ! A la suite de cette réunion,
un agent m'a dit : Avez-vous de la dynamite ? moi
j'en ai ; je me suis mis à rire ; c'est à ce moment que
Louise Michel est arrivée.

M. le président : Oui, la rencontre a dû lui être
agréable ; elle vous a demandé à un moment : « Et
vous, marquis, marcheriez-vous ? » Vous avez répondu : « Si j'avais un mandat, oui. »

Le prévenu : Si j'étais élu, parce qu'alors j'aurais
un mandat ; j'ai dit : J'ai tué des tigres à bout portant ; si j'ai un mandat, je puis bien combattre Constans et tous les accapareurs.

M. le président interpelle le prévenu au sujet d'une
brochure, brochure abominable, dit M. le président,
commandée à l'imprimeur par Martinet, mais dont il
était hors d'état de faire les frais.

Le prévenu : Je suis étranger à cette brochure.

M. le président : Cependant elle a été commandée
et payée par Martinet qui était un de vos hommes
de confiance ?

Une voix dans l'auditoire : C'est une erreur.

M. le président fait expulser M. Martinet, qui a
fait cette interruption.

M. le président : C'est une erreur en effet, la brochure n'a pas été payée.

M. le président : Vous y êtes resté étranger, cepen-

dant sur six mille exemplaires, vous en avez personnellement reçu mille.

Le prévenu : Les élections terminées, je n'avais
plus besoin du logement de la rue Sainte-Anne ; je
l'ai quitté et c'est après mon départ qu'on a apporté
un ballot de ces brochures qui a été saisi par la
police.

M. le président arrive à l'article intitulée : « *La fête
du travail, journée du 1ᵉʳ mai.* »

Cette affiche est divisée en deux parties, la première
non poursuivie, est signée Mores ; la deuxième partie
seule incriminée est intitulée « Moyens d'action » et
est signée Vallée. M. le président fait remarquer que
sur l'épreuve après la partie signée Mores, il y avait
les mots « j'en arrive aux moyens d'action » on a
biffé les trois premiers mots et il est resté seulement
les derniers, formant titre et divisant le placard en
deux parties.

M. le président : Qui a rédigé la seconde partie ?

Le prévenu : Elle a été rédigée en collaboration.

M. le président : Et Vallée aurait collaboré à la rédaction ?

Le prévenu : Mais oui.

M. le président : Alors pourquoi a-t-il signé seul
la seconde partie ?

Le prévenu : Parce que Vallée est un ouvrier ; j'ai
pensé que son nom valait mieux que celui d'un mar-

quis pour parler aux ouvriers ; de moi on aurait dit:
Qu'est-ce que cet aristo vient faire ici ?

M. le président (à Vallée) : Vous avez vraiment collaboré à la rédaction de l'affiche ?

Vallée : Vous me demandez ça à cause de mon in-
struction ; mais il y en a qui savent le grec et le latin
et qui sont bien bêtes, j'ai autant de valeur et d'in-
telligence.

M. le président : Enfin êtes-vous capable de rédi-
ger cette affiche, vous qui écrivez un français à peine
suffisant ?

Le prévenu : J'ai collaboré par les idées, la rédaction a été faite par M. de Mores et plusieurs autres.

M. le président : On s'est mis à plusieurs pour cette
rédaction ; vous étiez candidat municipal, et vous
aviez reçu l'investiture de M. de Mores.

Le prévenu : J'ai reçu l'investiture du suffrage universel, le seul qui ait ce droit-là.

M. le président : Oh ! le suffrage universel a parlé
et non pas comme vous le vouliez.

Vallée : Parce que la force prime le droit.

M. de Mores : Je proteste contre le mot investiture ; je n'ai eu la prétention de la donner à personne : mon but était de créer un courant d'opinions
sur certaines réformes sociales, sans me préoccuper
des personnes et de leurs opinions politiques.

M. le président : Enfin, vous donniez l'investiture

pour soutenir vos idées sociales à des collaborateurs comme Vallée.

M. de Mores : Quelles garanties pouvais-je exiger dans de pareilles circonstances. Fallait-il avoir des rentes pour s'occuper des questions sociales ? Pouvais-je étudier moi-même ces questions dans les salons ?

M. le président (à Vallée) : Vous avez reçu de l'argent de Mores pour votre candidature ?

Mores : J'ai le droit d'aider mes amis ; j'ignorais les besoins des ouvriers, Vallée, lui, a vécu avec eux, il savait ce que je ne savais pas.

Appelé à s'expliquer sur les mille triques trouvées chez Mores, celui-ci donne les explications suivantes :

Dans une réunion aux Épinettes, j'ait dit : « Si je suis nommé, il serait drôle de donner à chacun une canne et un panier dans lequel on mettrait du pain, du saucisson et un mirliton et nous irions déjeuner à la campagne » ; tout le monde s'est mis à rire.

M. le président : Oui, enfin c'était une bonne plaisanterie. Eh bien, si l'on était sorti avec les cannes, les victimes auraient peut-être été ceux qui les portaient.

À propos d'un emprunt d'argent qu'il aurait fait au duc de Luynes pour payer une dette de jeu, M. de Mores répond :

— Le duc de Luynes est un de mes amis de longue date, et j'ai le droit de lui demander des services.

M. le président : Est-ce que M. le duc de Luynes connaissait vos relations avec Louise Michel et les baisers que vous lui donniez ?

Le prévenu : Louise Michel est en excellents termes avec la duchesse d'Uzès. (Explosion de rires dans l'auditoire).

Deux témoins sont cités : M. Holbec à qui on a commandé l'affiche ; il l'a fait imprimer par Lefebvre et celui-ci en a livré 700,000 exemplaires.

L'autre déclare qu'en avril, il cherchait du travail ; il est allé trouver M. de Mores connu pour faire beaucoup de bien ; Mores lui a donné des affiches à distribuer chez les marchands de vin ; il a reçu 300 francs pour ce travail.

M. le substitut Lombard soutient la prévention.

M° *Demange* présente la défense de M. de Mores et termine en soutenant que la loi de 1848 visée, n'est pas applicable. Aux termes de cette loi, si un attroupement non armé se disperse aux sommations, il n'y a pas délit ; or, la provocation étant punie comme le délit, si celui-ci n'existe pas, la provocation ne saurait être punie ; dans l'espèce l'attroupement n'a pas eu lieu, la provocation échappe donc à la loi.

M⁰ *Milleroye*, du Barreau de Lyon, plaide pour Vallée.

Le Tribunal, après délibération en Chambre du Conseil, a rendu un jugement qui condamne le marquis de Mores à trois mois de prison et Vallée à un mois.

Le 1ᵉʳ juillet, M. de Morès se constituait prisonnier au greffe de Sainte-Pélagie.

Il allait expier par deux mois de verrous, — le gouvernement lui fit grâce d'un mois — des illusions généreuses, le rêve — un peu ingénu sans doute — d'une anarchie de Salente dans laquelle tout le monde serait heureux à l'abri des lois et des Juifs, ne se rendant pas suffisamment compte que l'anarchie est une *rudis indigestaque moles*, bien malaisée à débrouiller pour en tirer quelque chose. D'ailleurs au fond de tout chaos on trouve le Juif : — la Genèse ne commence-t-elle pas par le mot Tohu-Bohu ? — Les anarchistes de Chicago étaient pour la plupart de la race de Sem. Ce que l'on appelle le nihilisme ou le terrorisme russe — variété d'anarchie et des plus féroces — est aussi un mouvement dans lequel le Juif abonde. Parmi ceux arrêtés récemment à Paris et que la même neuvième Chambre jugeait, un mois après M. de Mores, nous trouvons : Reinstein et sa femme, juifs ! M¹¹ᵉ Bromberg, juive ! Mendelson, juif ! Mahun Berdischew-ky, juif ! Il est vrai, que pour faire la contre-partie, l'agent provocateur qu'on s'est bien gardé d'arrêter, Hœckelmann de Landesen est encore de la féconde lignée d'Israël.

Car, dans toute affaire dont les Juifs se mêlent, on est sûr de trouver d'autres Juifs faisant la contre-partie. Israël joue, ainsi, à cheval sur les deux tableaux. On en a vu un exemple tout récent : le rôle double que la Juiverie a joué dans le boulangisme. M. Naquet, le juif républicain, déclare qu'il était partisan du coup de force ; M. Arthur Meyer, — le juif de droite — assure, au moment où l'orléanisme change ses batteries, que, dans son parti, l'on ne voulait pas de coup de force. M. Naquet fait mine de se sacrifier. Mais c'est un holocauste à charge de revanche. On se repêche, mutuellement. Ainsi, tout le monde sait que la *Lanterne*, le journal du juif, E. Mayer fut très boulangiste, — à un moment — et *tapa* fortement la caisse de M. Dillon. Et, tandis qu'il est en posture d'oracle, et qu'il laisse échapper quelques bribes du secret des dieux orléanistes, le directeur du *Gaulois* donne un certificat de probité politique au directeur de la *Lanterne*. « M. Mayer ignorait la provenance de l'argent. » Il le palpait tout de même.

Mais quel touchant accord entre le juif radical,

l'hébreu orléaniste, le sémite boulangiste, sous leurs divergences apparentes !

On lit ceci dans le *Deutéronome* :

« Moïse dit au peuple : — Après que vous aurez
» passé le Jourdain, Siméon, Lévi, Juda, Issachar,
» Joseph et Benjamin se tiendront sur la montagne
» de *Garizim* pour bénir le peuple. Et Ruben, Gad,
» Aser, Zabulon, Dan et Nephtali se tiendront, de
» l'autre côté, sur le mont *Hébal* pour le maudire. »

Et ils agissent encore ainsi. M. Arthur Meyer bénit la monarchie. M. E. Mayer la maudit. Mais ils se retrouvent, et redeviennent frères, quand ils descendent du mont *Garizim* et du mont *Hébal*.

Si par le procès Mores on avait effleuré — très vaguement, à propos de l'affiche Martinet — la cause antisémitique, on ne l'avait pas atteinte. Et il n'y avait pas moyen de l'atteindre, quelque bonne volonté que l'on eût, puisqu'elle ne s'était pas prise à l'engrenage — au piège plutôt, comme on l'a vu — du 1ᵉʳ mai.

Un gros Israélite, homme d'importance dans la presse étrangère, cosmopolite comme pas un, et qu'on a fait officier de la Légion d'honneur pour services rendus sans doute au roi de Prusse, essaya de broder sur l'antésimitisme, un assez sot roman. Voici ce qu'avait trouvé M. Oppert de Blowitz.

Un nommé Amiel, ancien policier sans ouvrage, racontait que quelqu'un lui avait donné de l'argent pour tuer M. Cornelius Herz, le tripoteur Juif qu'on n'a pas oublié et qui, lui aussi, est immatriculé avec un grade dans cette Légion qu'on s'obstine à appeler d'honneur. Le mouchard Amiel s'offrait à vendre la mèche à sa victime platonique. Mais Cornelius Herz n'était pas en voix ; il ne chanta pas.

Quelle était donc cette tête qui avait conçu un projet hébraïcide ? Quelle était cette main mystérieuse qui armait, contre un Juif de marque, un Saltabadil à gages ? Le *Times*, orchestre israélite, se livrait à un trémolo..... C'était la main d'un — comme il le disait — *zealous antisemite*. Qui fut le plus étonné de ce sombre dessein prêté à l'antisémitisme par l'Israélite londonien — une façon de prêt absolument gratuit —? Pas M. Herz qui savait, mieux que qui que ce fût, à quoi s'en tenir, mais bien M. Drumont qui, sous les frais ombrages de la forêt de Sénart, ne pensait pas le moins du monde à manger ses droits d'auteur en organisation d'attentat contre les jours précieux de ce pauvre M. Herz. Et il écrivit aux journaux la lettre suivante :

Soisy-sous-Etiolles, le 23 mai 1890.

» Mon cher confrère,

» Je n'ai pas à me prononcer sur cette invraisem-
» blable histoire d'une tentative d'assassinat sur
» M. Cornelius Herz dont M. de Blowitz a été le met-
» teur en scène. Ce que nous tenons à constater, mes
» amis et moi, c'est que l'antisémitisme n'a absolu-
» ment rien à voir dans cet incompréhensible fait
» divers. Le *zealous antisemite*, l'ardent antisémite
» qui voulait faire égorger cet excellent Cornelius
» Herz, est uniquement de l'invention de M. de
» Blowitz, c'est une création du correspondant du
» *Times*, un parent peut-être du légendaire Pigott,
» le faux témoin soudoyé par le *Times*, pour calom-
» nier Parnell, et qui fut démasqué dans des condi-
» tions qui rendirent le grand journal anglais l'objet
» de mépris de tous les honnêtes gens. Vous savez,
» d'ailleurs, à quoi vous en tenir sur ce point, comme
» tous les journaux de Paris, puisque vous avez reçu
» de M. Maurice Amiel une déclaration écrite qui est
» formelle à ce sujet. Je me serais même abstenu

» d'intervenir dans ce débat si le *Times* n'était lu
» dans le monde entier. En tous cas, mon cher con-
» frère, cet incident aura l'avantage de montrer de
» quel côté est la bonne foi. M. de Blowitz trouve
» tout simple de rendre au mépris de toute vérité
» l'antisémitisme responsable d'une tentative d'as-
» sassinat dans lequel il n'y a eu ni assassin, ni vic-
» time, demain, il poussera les hauts cris et criera
» à la calomnie s'il m'échappe une légère inexacti-
» tude dans un volume de 500 pages. »

A quelque temps de là, — chose assez curieuse
et dont on n'a pas parlé — le nommé Amiel mourut
subitement. M. de Blowitz ne songea pas à accuser
l'auteur de *La Dernière Bataille* de l'avoir empoi-
sonné pour se débarrasser d'un complice gênant.

TROISIÈME PARTIE

—

SOUS LES TENTES

I

Etat d'esprit antisémitique. — Indigestion. — Un peu de
place S. V. P. — Réconciliation d'alcôve. — L'étonnement
d'un bon gros homme. — Pitié pour les Juifs! — Un veau
célèbre. — L'antisémitisme dans l'art. -- MM. Willette.
Emile Goudeau et Paul Adam.

On vient de lire, — retracée avec toute l'impar-
tialité et le sans-passion d'un simple *regardeur* —
la vie, encore en sa primevère, de l'antisémitisme.
Les quelques petits points par lesquels il touche à
l'histoire de ces temps, le rôle — un peu à tâtons —
qu'il s'est essayé à jouer ont, tout au moins dé-
montré son existence. D'aucuns disent que ce mouvement est factice, cette vie éphémère, et qu'en
dehors des quelques hommes qui conduisaient la
lutte sans être suivis, la doctrine anti-juive n'avait
pas d'adhérents. Messieurs Drumont et Jacques de
Biez, M. le Marquis de Mores lui-même, étaient
plutôt des apôtres — batailleurs, il est vrai — que

des chefs menant à la Croisade des croisés qui n'existaient pas du reste. Ce serait là juger bien superficiellement.

L'antisémitisme est, ce que l'on définit un état d'esprit. C'est plus vague, peut-être, moins délimité et moins violent qu'une opinion, mais aussi cela s'étend davantage et persiste mieux.

Pour le grand nombre, l'éthique sociale, la haute philosophie historique de M. Drumont, la dissection psychologique du Juif, l'évocation mystique — raisonnée cependant — de la fatalité de sa race, à la façon de M. Jacques de Biez, resteront longtemps, pour ne pas dire toujours, lettre morte. Tout le monde ne voit pas la question Juive. Beaucoup, — le nombre grandit tous les jours, — ressentent le malaise Juif. Il y a des nourritures, si peu apprêtées qu'elles soient, qui se digèrent. D'autres au contraire, ne passent pas. Le Juif, dans la digestion sociale, ne s'est pas assimilé. Il fait l'effet d'un corps étranger qui gêne terriblement l'estomac où il est entré. Cet estomac n'en est encore qu'au malaise précédant la nausée. Après, s'il n'y est pris garde, le vomissement viendra. Messieurs Drumont et Jacques de Biez sont pour l'émétique. D'autres médecins veulent, au contraire, faciliter la digestion.

Dans une conférence faite à la salle des Capucines,

sur la question juive, M. Andrieux, avec cet esprit
si fin, cette verve si mordante qui en font un des
orateurs les plus agréables à écouter, conseillait
aux Juifs de laisser un peu de place en France aux
Français. Il demandait aussi que les dames d'Israël
y missent un peu du leur. Mais la réconciliation de
l'alcôve guérira-t-elle l'embarras gastrique? Cela
n'est pas bien sûr.

Il a été de mode, dans le petit journalisme et chez
les débutants, de prendre M. Francisque Sarcey pour
cible. On visait le côté gros bourgeois, professoral,
— un peu morigénant, normalien de tradition, —
au moyen d'épigrammes fort démodées à présent.
M. Sarcey a, des défauts qu'on lui prête, des qualités,
et elles sont marquantes. C'est un large bon sens
bien bourgeois si l'on veut, mais aussi bien français
et empreint d'une certaine ironie qui charme ;
c'est un jugement droit, très sûr, et, par dessus tout
une bonne foi qui lui permet — c'est si rare aujour-
d'hui — d'avouer son erreur et d'en appeler à lui-
même des jugements qu'il a portés. Comme beaucoup d'hommes de sa génération, athée avec grâce,
sceptique sans amertume, il perdait cependant la
sérénité de sa pensée devant la soutane. Il eut la
faiblesse d'esprit de s'émouvoir, en voyant agiter le
spectre du cléricalisme. Et, avec tant d'autres, il
courut sus à cet épouvantail. Mais il n'avait pas vu

le Juif. Il l'ignorait. Le livre de Toussenel n'a pas
eu le retentissement et l'action des livres de M. Drumont. Pour lui, le Juif c'était un Monsieur s'appelant
Meyer, Cohen ou Dreyfus, comme il s'appelait
Sarcey, et qui, suivant ses aptitudes, faisait de la
copie, comme lui, ou bien aunait du drap. Il dé-
couvrit, un jour, que l'antisémitisme existait réellement. Il n'en revenait pas. Sa découverte, son étonnement, sont consignés dans un article du *XIXe Siècle*
portant la date du 21 janvier 1890. Cette chronique
de M. Francisque Sarcey est un véritable document
à citer en entier. Il prouve à quel point, dans les
milieux les plus calmes, chez les esprits les moins
sectaires, on ressent l'oppression juive. Et cette
preuve nous est transmise — ce qui en augmente la
valeur — par un écrivain très opposé aux idées antisémitiques.

» J'ai eu, ces jours derniers, l'un des plus grands
» étonnements de ma vie. Il faut que je vous conte
» cela, puisque aussi bien l'histoire, bien que me
» concernant seul, offre un intérêt général. Je colla-
» bore dans une revue hebdomadaire, qui est assez
» peu connue à Paris, mais qui est fort répandue en
» province. Tous les samedis, à propos d'un des gros
» ou des menus événements de la semaine, j'écris un
» article où je traite et résous quelque point de

» morale ou de littérature. C'est une manière d'*ho-*
» *mélie*, au sens où l'on prenait le mot autrefois,
» une causerie toute à la fois grave et familière sur
» des sujets divers. Comme la revue est lue d'un
» nombre infini de maîtres d'école, d'universitaires,
» de femmes, de collégiens et même de prêtres, je
» reçois, à chacun de ces articles, un nombre consi-
» dérable de lettres où l'on discute avec moi les con-
» clusions où je suis arrivé et les raisons qui m'y ont
» conduit. J'ai presque toujours le plaisir de voir
» que je suis en communion d'idées avec mes lec-
» teurs, qui sont tous pris dans cette grande et hon-
» nête masse de la petite bourgeoisie française.
» L'autre jour, c'était à propos de la première
» représentation du *Marchand de Venise* à l'Odéon,
» je pris pour thème de ma causerie le discours que
» Shylock, dans la pièce de Shakespeare, adresse à
» Brabantio. Je constatai qu'il se produisait en ce
» moment comme un regain de haine contre le sé-
» mite, j'en marquai mon regret, je prêchai la con-
» corde, et j'exécutai des variations plus ou moins
» brillantes sur le mot de saint Paul : « Aimez-vous
» les uns les autres; nous sommes tous fils du même
» père. » J'avoue que tout cela n'était pas bien nou-
» veau ; mais, je vous l'ai dit : ce sont des homélies
» que j'écris pour cette revue, qui a de préférence son
» expansion en province. Je croyais de très bonne

» foi avoir traité là un lieu commun, qui n'avait
» d'autre tort que d'être un peu vieux. Ah bien oui !
» Ce fut durant huit jours sur mon bureau une ava-
» lanche de lettres, les unes indignées et violentes,
» les autres éplorées et douces. Les uns me disaient :
» Combien avez-vous reçu des Juifs pour prendre
» leur défense ? Les autres s'étonnaient qu'un homme
» à qui l'on se plaisait à reconnaître quelque peu de
» bon sens eût fait preuve d'une telle aberration
» d'esprit. Le plus grand nombre m'écrivait d'une
» plume qui semblait trempée dans les larmes :
» — Comment ! c'est vous, monsieur Sarcey,
» vous, avec qui nous aimions tant à causer, qui
» nous donnez le chagrin de lire une apologie des
» Juifs. Mais, vous ne savez donc pas que les
» Juifs... Et c'était un débordement d'accusations
» d'une page sur l'autre et emplissant des lettres aussi
» longues que des mémoires. Les plus modérés me di-
» saient : Oui, j'ai peut-être tort d'en vouloir aux Juifs;
» mais, c'est plus fort que moi : Je les hais. Votre
» article m'a inquiété ; je me suis interrogé moi-
» même ; j'ai cherché les causes de mon aversion. Les
» voici... Et, d'un style calme et posé, ils reprenaient
» les griefs que m'avaient déjà servis les enragés sous
» une forme plus âpre. J'allais de surprise en sur-
» prise, à mesure que j'ouvrais ma correspondance.
» Non, je ne croyais pas les passions si aigries, les

» esprits si montés. J'avais bien cru remarquer, en
» effet, même dans la haute bourgeoisie parisienne,
» et surtout chez les femmes, des défiances plus
» accusées contre la race juive. Mais j'étais rassuré
» par cet esprit de tolérance qui est à Paris une des
» formes du scepticisme. Je ne me doutais point de
» cette sourde irritation ; et je la voyais là, sous mes
» yeux, au moment où je m'y attendais le moins,
» éclater en récriminations passionnées, en re-
» proches furieux ou tendres, en semonces ironiques.
» Je ne pouvais me tromper à ces symptômes. Il n'y
» a pas de journal où l'on tâte plus sûrement le pouls
» au vrai public que dans la revue dont je parle.
» — Eh quoi ! me disais-je confus et désolé, c'est
» là que nous en sommes ! et je n'en savais rien !
» Nous avons moins de libéralisme dans l'esprit,
» nous sommes moins tolérants qu'on n'était en
» 1828 et en 1840 ; nous avons depuis la Restaura-
» tion reculé vers le fanatisme ! Quelle misère !
» J'avais d'abord répondu individuellement à ceux
» de mes correspondants qui me paraissaient être
» capables encore d'écouter la raison, laissant là
» avec une sorte de dégoût attristé les épileptiques.
» Mais ils étaient trop nombreux ; je dus renoncer à
» les entretenir ainsi par lettres les uns après les
» autres. De son côté, le directeur de la revue était
» assailli de plaintes. Nous examinâmes ensemble la

» question de savoir s'il faudrait revenir sur ce
» thème, y insister et entrer en lutte avec notre pu-
» blic. C'était la conduite la plus chevaleresque as-
» surément ; mais un scrupule nous arrêta : les
» inconvénients étaient certains, évidents, les avan-
» tages fort problématiques. Quand il y a un fort
» courant d'opinion, on ne gagne rien à se mettre
» en travers. Nous ne convaincrions personne ; en
» revanche, nous surexciterions encore les fana-
» tismes, car on avive une plaie douloureuse en y
» touchant. Et comme, un matin, je dépouillais
» cette correspondance, qui s'est poursuivie sans
» interruption ni relâche durant une dizaine de jours,
» mon ami Abraham Dreyfus entra chez moi. Il
» venait me demander un renseignement pour une
» conférence qu'il devait faire en Belgique. Comme
» il appartient, au moins par son origine, ainsi que
» son nom l'indique, à la religion juive, il me parla
» de mon article, qu'il avait lu par aventure. Car c'est
» un hasard de trouver un Parisien qui soit au cou-
» rant de ce magazine. — Ce sont là, me dit-il, des
» vérités qu'il est toujours bon d'exprimer un peu
» partout ; en France, par bonheur, elles ont passé
» dans le sang de la nation. — Vous croyez ? lui de-
» mandai-je. — Dame ! oui. — Je le croyais comme
» vous, il y a huit jours. Mais, tenez, faites-moi
» l'amitié de parcourir ces lettres, et peut-être chan-

» serez-vous d'avis. J'en avais déchiré beaucoup,
» ne gardant que celles qui n'étaient pas absolument
» injurieuses. Je lui en remis une demi-douzaine.
» Il les lut ; je n'oublierai jamais son air navré.
» Ce n'étaient pas, en effet, des lettres d'énergu-
» mènes ou de simples grincheux. Ces correspon-
» dants, qui donnaient leur nom et leur adresse,
» étaient (on pouvait le reconnaître aisément au
» style) des gens instruits, des philosophes même,
» habitués à s'analyser eux-mêmes et sachant rai-
» sonner. La haine qui les animait n'en était que plus
» inquiétante, pour s'exprimer avec une modération
» relative. C'était une aversion réfléchie en même
» temps qu'instinctive. Les bras lui tombaient :
» — Ainsi, me disait-il, on nous accuse de n'être
» pas Français. Mais tous, nous avons fait notre
» devoir en 1870, les uns sous les murs de Paris, les
» autres dans les armées improvisées par Gambetta.
» Mais tous nos fils passent, avec les autres, sous
» les drapeaux (et il me citait ceux qu'il y connais-
» sait) ; tous sont prêts à se battre, si le moment en
» vient ; et si ce n'est pas là être Français, qu'est-ce
» que c'est donc ? Il me parla longtemps sur ce ton,
» d'une voix très animée, avec une sorte de déses-
» poir. Et moi, que pouvais-je lui dire ? Je trouvais
» toutes ces lettres si monstrueuses ! Et cependant il
» n'y avait pas à dire ; elles étaient là ; elles partaient

» de gens convaincus ; elles marquaient un mouve-
» ment indéniable d'opinion.

» J'avais cru que le pamphlet de M. Drumont
» n'était qu'une manifestation isolée ; non, c'était le
» cri de la foule. Je ne peux pas m'en remettre. Cela
» me semble si absurde ! Cela nous présage des len-
» demains si abominables ! Oh ! que la tolérance est
» rare ! »

Mais, à propos de cette tolérance à laquelle
M. Francisque Sarcey fait appel, ne pourrait-on pas
ajouter : « que Messieurs les Juifs commencent ! »

Une femme de beaucoup de talent, Mme Séverine,
n'a pas eu, sur la même question, les aveux troublés
de M. Francisque Sarcey.

Le sentiment rendu avec des délicatesses exquises
de touche, dramatisé par des réminiscences jolies
du Romantisme, une mélancolie apitoyée devant
toutes les survenances de choses tristes, une révolte
sans colère, courageuse cependant, en présence du
grand Pessimisme de la vie et des manifestations du
mal, d'où qu'elles viennent, font de l'ancienne direc-
trice du *Cri du Peuple*, l'un des écrivains les plus
idéalement socialistes qui soient. Elle a comme le
poète — et quel poète n'est-elle pas dans sa brillante
prose ? —

Des larmes pour tous les malheurs.

Cependant, il faut se refuser à ce que la glande la-
crymale soit trop facilement dupe. Et nous ne nous
attendrirons pas sur l'infortune des pauvres malheureux Juifs dont M⁽ᵐᵉ⁾ Séverine défend la faiblesse
avec des plaintes d'élégie, — *planctus et ululatus*,
ainsi que Rachel dans Rama, — et qu'elle nous représente comme victimes d'une *criminelle croisade*.

Dans le monde de l'art et des lettres, tous n'ont
pas les étonnements de M. Sarcey et les mélan-
colies de M⁽ᵐᵉ⁾ Séverine en présence de la question
juive ouverte, il faut bien le dire, par les Juifs eux-
mêmes — un peu de la manière dont on s'ouvre le
ventre au Japon.

Quel antisémite, avec son crayon exquis et cruel,
est ce railleur fin — si âpre aussi — qui s'appelle
Willette! Tout Paris connaît ce grand vitrail du
Chat noir où Willette a mis un symbolisme fantai-
siste, étrangement puissant. Assis sur un coffre-fort,
auréolé du mot magique « Israël », et drapé comme
une idole d'Orient, le veau d'or trône, adoré. Au-
dessus de lui, comme un triangle emblématique, la
guillotine s'élève. Devant le Baal d'or, une femme
tue son enfant, et, demi-nus, brandissant les lourds
outils de l'atelier et des champs, des prolétaires se

dressent, terribles de faim et de haine. Autour de la
bête, l'artiste a placé l'innocence, la poésie, l'amour
et la finance en allégories d'un genre très moderne,
très parlant. Sous l'idole hébraïque, la Mort, en chef
d'orchestre, bat la mesure, se servant d'un tibia en
guise de bâton. Et il y a, écrit sur la grosse caisse,
ces mots, — synthèse du culte — : « *Te Deum lau-
damus.* »

Le vigoureux poète Emile Goudeau a écrit, devant
le poème vitré du jeune maître, de beaux vers que
je retrouve. La pièce est trop longue pour être citée
en entier. C'est encore là de bel et bon antisémitisme.

Le rabbin Israël sort de la Synagogue

. . . .

Il ne regarde rien : terrible dans sa course,
Il gagne avec fureur la place de la Bourse.

Où il aperçoit tout d'abord des gens

..........Parlant de hausse
Sur ces fonds mal fondés que toujours recherche,
Rude tête de Turc, Ali-Gogo Pacha.

N'oublions pas, en passant, que *Gogo*, c'est le
goy, le gentil, l'infidèle — le pauvre Français en

somme — qu'il est permis de duper, de voler, d'af-
famer. Le rabbin s'approche de la corbeille où il
va *abattre l'hécatombe ample des millions.* Comme
Moïse, le rabbin se met en colère au spectacle du
délire dont les siens entourent le Muffle du veau d'or.

Jérusalem ! Jérusalem ! Jérusalem !
Ou sont les Abraham et les Mathusalem ?
David le roi psalmiste à la harpe vibrante ?
Trois et quatre pour cent, quatre et demi : la Rente !
Le Panama ! le Nord ! L'Orléans ! Vision !
Tes fils hurlent autour du veau d'or, O Sion !

. . . .

Comme Moïse avec les tables de la Loi,
Légion de Baal, je frapperai sur toi.
N'es-tu point lasse enfin de suspendre à des saules
Le luth de Jérémie au rivage des Gaules ?

. . . .

Mais le rabbin à une vision. Il lui sembla,

O Schema Yschroël ! que le veau d'or avait
De la tête à la queue un harnachement d'âne

. . . .

Et que le Juif-Errant, sans fouet et sans effort
Domptait la bête avec des mots cabalistiques.

L'éternel voyageur interviewé par le rabbin,

> *Liquide sa pensée énorme à caisse ouverte.*
> *Jadis, j'étais le Juif-Errant*
>
> . . . .
>
> *Symbole d'un peuple déchu*
> *Vendant des lorgnettes sans trêve*
>
> . . . .
>
> *Mais aujourd'hui, rabbin contemple !*
>
> . . . .
>
> *A ramasser liards et billons*
> *Dans le secret de mes haillons,*
> *J'ai fabriqué les millions*
> *Qu'on tasse en des banques profondes.*
>
> . . . .
>
> *Je soutiens, chrétiens aux abois,*
> *Vos Républiques ou vos Rois*
> *Avec l'argent que mes dix doigts*
> *Tirent des veines de l'Europe.*

Le rabbin est convaincu. Toute sa colère tombe
devant cette évocation du Juif puissant par le veau
d'or.

> *Il s'en va vers son temple lointain*
> *Bénissant le Seigneur qui bénit les cohortes.*
> *Il regardait passer comme des ombres mortes*
> *Les chrétiens accablés de honte et de soucis*
> *Les plaignant de ne pas être Juifs, circoncis.*

Si M. Willette vient de nous conduire à M. Goudeau, ce dernier nous ramène à M. Willette. Ces deux frères d'armes ont de grandes affinités. Ils faisaient ensemble, l'an passé, un petit journal *Le Pierrot* qui était trop spirituellement dessiné et écrit, pour ne pas en mourir.

Quand ils ont tant d'esprit, les journaux vivent peu !

M. Willette y exerça souvent sa malice à l'encontre des gens d'Israël. Dans le *Courrier français* où, il y a quelques années, j'étais son collaborateur, on retrouve aussi de bien jolies moqueries. Au hasard, voici : LE GRAND MARIAGE ISRAÉLITE. *Pouac ! Couac ! crak ! krac !* Une famille de Juifs — hideusement juifs — descend d'une Synogogue, les nouveaux époux en tête. Des mendiants encombrent les degrés du temple. Un général en uniforme, qui ressemble à M. de Gallifet, tend son chapeau à plumes ; un peintre tend sa palette ; un magistrat, sa toque d'hermine, et des nobles, leurs couronnes. Le marié Juif met la main au gousset.

ISRAEL VAINQUEUR. A genoux sur la terre près de sa pioche, avec, dans le fond, les bagnes de l'Industrie aux hautes cheminées enfumées, un paysan lève ses mains suppliantes. Au dessus, dans un vol de corbeaux, piétinant une croix renversée, un juif, en chapeau gris, en fourrures, monocle à l'œil, le bras étendu, inexorable, clame : « Toujours à genoux, travaille et désespère ! »

J'en passe et des meilleurs. Il faut cependant noter le superbe dessin de M. Willette, artistique et courageuse profession de foi, illustrant son affiche électorale du mois de septembre 1889 quand il se porta comme candidat antisémite dans le ixe arrondissement — quartier ou le juif abonde. Un Gaulois à longues moustaches, vêtu de braies, élève la tête du veau d'or coiffée d'un tortil de baron. De sa framée qu'il tient encore, il vient de décapiter la bête et de briser l'affreux Talmud. Derrière, un ouvrier avec son marteau, un insurgé avec son fusil, se tiennent dans une attitude de défense. Un bon gendarme, les larmes aux yeux, soulève son tricorne pour saluer un vieux Juif crasseux qui passe dernière un mur, s'en allant, son bagage plié dans un mouchoir au bout d'un bâton.

Très antisémitique aussi, la locomotive d'or sur laquelle est écrit « *Israël and C°* » et que Willette exposait l'an dernier aux artistes indépendants. Des Juifs — mécanicien et chauffeur — font avancer le formidable engin. Sous ses roues sont écrasés le travail, la poésie, la liberté, la justice, la religion. M. Carnot, inaugurateur patenté, derrière lequel je me trouvais dans un groupe, à l'ouverture de cette exposition, s'arrêta un instant, et désignant les mots écrits sur la locomotive, il laissa tomber cette pensée : « Il aurait dû mettre *La Science...* »

Troublé et troublant, psychologue, chercheur, social et scientifique, allant aux problèmes, courant aux énigmes, le mouvement littéraire contemporain — en dehors du livre documenté et du pamphlet —. ne pouvait pas ne point fouiller dans le Juif dont la puissance est parfois déconcertante, et par des côtés, comme mystérieuse. C'est ainsi que nous avons eu les *Monach* de M. Robert de Bonnières et *le Baron Vampire* de M. Guy de Charnacé. M. Drumont a parlé de ces deux livres dans sa *France Juive*.

Tout récemment, M. Paul Adam nous a donné *l'Essence de Soleil* avec ce sous-titre : « Roman social sur l'or des Juifs. » Nous lui devons également des pages d'une fantaisie curieuse sur *l'ignominie des Politiciens devant la question Juive*. Cela a été publié en mars 1890 dans *les Entretiens politiques et littéraires*. Le style de l'écrivain symboliste est étrange, audacieux, mais il est personnel et a de certaines vigueurs qui servent bien sa pensée. Voici quelques extraits de cette étude. Ils montrent combien l'on a conscience du danger juif chez des écrivains qui sont très indépendants et qui forment une élite, il faut bien le reconnaître, quelle que soit l'opi-

nion que l'on ait de leur genre littéraire. M. Paul
Adam suppose le discours d'un député antisémite.

.   .   .   .

« Lors des débuts du mouvement boulangiste,
» l'orateur avait entendu un personnage influent du
» sémitisme dire à quelqu'un qui s'étonnait que ce
» danger politique ne l'émût pas davantage, et même
» qu'il soutint en quelque sorte cette épopée naissante:
» Enfant penses-tu que l'on trahirait les téraphim
» et l'éphod, par caprice puéril ! Si nous tous favori-
» sons occultement la fortune du général, c'est que
» nous savons par là attirer un sourd courant plé-
» béien de relèvement et de gloire. Unifié dans cet
» homme, il tombera avec lui. Car Boulanger sera
» vaincu par nous. Lasse de l'avortement de cette
» suprême fierté, la nation des Francs se soumettra
» pour toujours aux pasteurs du Jourdain! Et même,
» les rejetons des vieilles races compromis dans une
» coalition que reniera la simplicité de leurs serfs,
» perdront là tout le prestige conservé par des
« années de lutte contre nous. »

Remarquons, en passant, que M. Paul Adam semble prévoir, six mois d'avance, le mouvement tour-
nant des Juifs qui, sous le couvert des fameuses

Coulisses, déconsidère le boulangisme et compromet la monarchie.

.   .   .   .

« Maintenant, sans patrie et sans toit, l'Ahasve-
» rus continuait sa marche légendaire à travers les
» peuples, pauvre et persécuté en Orient, trafiquant
» haï dans les pays slaves, vendeur de biens en
» Allemagne, prêteur partout, roi à Paris, Vienne,
» Londres, Berlin, New-York. Il règne sans con-
» teste sur les labeurs des hommes, suçant les profits
» du créateur, spéculant sur ses bras et sur son es-
» prit, ruinant et enrichissant tour à tour par ses
» coups de bourse les valets innombrables que lui
» procure sa richesse toujours renouvelée. Qu'im-
» portent à la tribu cosmopolite et errante les be-
» soins, la gloire du pays où elle passe ; qu'impor-
» tent le malheur ou la prospérité des citoyens qui
» lui sacrifient l'effort national et les générations
» des travailleurs. De la lutte générale, des rivalités
» belliqueuses, la tribu prospère et se gorge, grasse
» de calamités universelles et puissante de tous les
» épuisements. En ce pays de France, le Juif s'était
» taillé une bourse dans l'étendard de la liberté.
» Appelant à lui les castes intermédiaires exaltées
» par la justice révolutionnaire du siècle, il s'était
» servi d'elles pour mieux soumettre au joug l'essence

» productive du peuple, ses forces vives et agissantes.
» Aussi n'existe-t-il plus à l'heure présente qu'une
» masse d'hommes transformée en rouages de la
» machine à or qu'ils manœuvrent ; et, d'autre
» part, eux-mêmes. Eux et les serviteurs de leurs
» trafics, leurs élèves, parfois leurs émules. L'ora-
» teur démontrait ensuite comment la politique
» des trafiquants modernes n'avait jamais visé
» qu'à servir les banques sémites qui créditent les
» partis au pouvoir. En récompense de son aide, les
» ministères leur accordent les lois nécessaires à
» l'extension de leur suprématie. Tout l'appétit des
» hommes du Parlement ne tend qu'à obtenir un
» office ministériel pour vendre à son tour et le plus
» cher possible sa part d'influence à la Haute Ban-
» que des Lévites. Là tient tout le secret de tant
» d'intrigues, de tant de roueries, de tant de haines,
» de tant de factions. On endort la vigilance du
» peuple avec des devises, et durant son sommeil on
» le saigne jusqu'à la dernière goutte de force rendue
» en or dans les coffres d'Israël. Le bouc d'Israël s'est
» accroupi sur le sol de France et il y pâture à
» pleine gueule. Dans votre insouciance vous avez
» jusqu'à ce jour jeté plein son auge l'avenir et la
» fortune du pays ! »

II

Le député antisémite, dont M. Paul Adam formulait l'ingénieuse et éloquente fiction, existe-t-il? Non, du moins pas dans le sens ouvert, manifeste, avec les puissantes philippiques tonnées de la tribune. Mais beaucoup, quand on leur en parle, sont — comme tant de Français qui pensent — les ennemis bien déterminés de la suprématie juive.

Il y a eu cependant un député qui a été mêlé de très près à la lutte sur cette question, et qui, dans le parlement, semble être l'orateur de l'antisémitisme. M. Francis Laur, le représentant boulangiste

de Neuilly, tient ce rôle qui n'est pas sans courage,
et pour lequel sa campagne de réélection, où il avait
l'appui de M. Drumont et du marquis de Mores, le
désignait assez naturellement. Mais M. Laur est un
homme de science, un orateur de chiffres et, pour
nouvelles et audacieuses qu'elles soient, l'économie
politique, l'arithmétique budgétaire, l'algèbre sociale
sont choses moins révolutionnantes que le sentiment
irraisonné, la haine qui se répand et toutes les colères prêchées qui engendrent les bouleversements.
Et puis, M. Francis Laur a une façon d'être et de
faire un tant soit peu trop transigeante, — une manière de juste-milieu — toujours moins intéressante
en ces matières que l'outrance. Son antisémitisme
n'aura jamais le succès de celui que M. Drumont
professe.

Le député de Neuilly a M. Drumont pour ami ; il
le prend souvent pour conseiller, mais aussi il ne
prend pas conseil que de lui. Comme Jeanne d'Arc,
M. Laur a deux voix : M. Naquet et M. Drumont.
Elles lui parlent presque simultanément. Cela fait un
mélange, non pas sans saveur, mais qui est cause
que son antisémitisme se déforme. Tout au moins
est-il ondoyant.

Au cours de la dernière période électorale, pour
le conseil municipal, M. Naquet qui a toujours défendu Israël, il faut lui rendre cette justice, se mit

vigoureusement en travers pour parer les coups de
l'antisémitisme. Le raisonnement est connu : —
Faites bien attention. En attaquant les Juifs vous
portez atteinte aux principes de 89. Bon peuple
français protège les Juifs, si tu ne veux pas revenir
aux plus mauvais jours de ton histoire... de notre
histoire à nous, les juifs ! »

Ils sont si beaux, vraiment, les jours de notre
histoire — à nous, les français — de ce temps-ci,
sous la prépotence de la race sémite !

C'était au lendemain d'une réunion dans laquelle
M. de Mores était venu poser sa candidature pour le
quartier des Epinettes. M. Alfred Naquet écrivait
ceci dans la *Presse* : « . . . . Je sais
» bien que M. de Mores et ses amis se défendent
» d'être antijuifs dans le sens religieux ou ethni-
» que du mot. A les entendre, ils ne s'en pren-
» nent qu'à la haute banque, aux agioteurs, aux
» accapareurs. Mais vous verriez leur parti le len-
» demain des élections, si, par une hypothèse inad-
» missible, elles pouvaient leur être favorables......
» On verrait, à ce moment-là, si l'on distingue
» entre Juifs et Juifs, et si on ne place pas dans le
» même panier tous ceux que le hasard a fait naître
» dans la race sémite. S'il en était autrement, pour-
» quoi emploierait-on le mot *Juif?* Pourquoi ne se
» bornerait-on pas à faire usage des mots mêmes

» dont on se sert pour expliquer ce dernier, des
» mots *accapareur* et *agioteur*? La langue française
» est une langue qui demande surtout la clarté;
» pourquoi, lorsqu'on a des expressions dont le sens
» est clair, irait-on chercher des vocables qui prê-
» tent à équivoque, si l'on n'avait intérêt à faire
» naître cette équivoque même et à l'exploiter? .
» . . . . Il est vrai qu'il est tels
» révolutionnaires qui se déclareraient peut-être
» satisfaits le jour où un grand financier actuel au-
» rait été supprimé et aurait été remplacé par un au-
» tre. Je ne dis cela ni pour M. de Morès dont je suis
» l'adversaire résolu, dont je hais et réprouve les
» opinions, mais que je n'ai aucun motif de ne pas
» croire sincère, ni pour aucune des personnalités
» qui marchent à ses côtés et que je ne veux pas
» connaître. Mais je me demande si les prêtres de
» cette religion de persécution et de haine, que
» l'on a cru assez vieille pour pouvoir être rajeunie,
» ne sont pas les agents inconscients de quelque
» grande entreprise de haute banque, s'il ne s'agit
» pas d'une concurrence aux financiers actuels,
» montée et poussée par d'autres financiers placés
» dans la coulisse. . . . . . »

M. Naquet voyait dans l'antisémitisme une affaire
de concurrence qu'il jugeait déloyale.

La *Presse* est une feuille éclectique. Tout le monde le sait. M. Laguerre, son directeur, désavouait, il n'y a pas bien longtemps. M. Mermeix au café Riche, mais il l'embrassait sur les deux joues à Maisons-Laffitte.

Vingt-quatre heures après l'article juif de M. Naquet, dans le même journal, M. Francis Laur portait au courageux Machabée ce joli coup droit :

» Savez-vous bien, mon cher Naquet, que sans
» vous en apercevoir, malgré les ressources de votre
» grand esprit, vous avez fait hier non pas une dé-
» fense de libre-penseur, mais un plaidoyer de bon
» sémite froissé dans sa race, dans ses ancêtres et
» presque dans sa religion ? Ce qui vous horripile,
» c'est ce mot de *Juif* appliqué à tort et à travers
» pour désigner tous les pécheurs, non pas seule-
» ment d'Israël, mais d'autres lieux. « Je suis de race
» juive, m'avez-vous écrit un jour, et jamais je ne
» renierai une race qui a mérité l'estime du monde
» par seize siècles de résistance à d'odieuses persé-
» cutions. Je me considérerais comme déshonoré si
» je m'associais pas mon silence à des campagnes
» même faites à la légère contre elle, et moi qui
» suis si peu juif, je le deviendrais. Que mes coreli-
» gionnaires soient persécutés ou menacés, moi qui
» n'ai pas de religion, en manière de protestation

» je rentrerai à la synagogue ! Et jugez, s'il en
» est ainsi pour moi, ce qu'il doit en être pour les
» autres. » Voilà donc qui est bien établi : c'est la
» race qui proteste en vous, c'est le sémite qui se
» révolte dans son type, dans son organisation,
» dans son génie même, génie que vous affirmez,
» que vous incarnez. Une première déduction se
» dégage alors de ce premier fait : Vous n'êtes pas,
» vous ne pouvez pas être impartial. Vous n'êtes
» pas impartial, malgré tous vos efforts, parce qu'il
» y a au-dessus de vous une question d'atavisme,
» d'hérédité qui vous domine. Vous viendriez nous
» dire : « Je suis antisémite, » nous serions obligés
» de ne pas vous croire, parce que vous êtes sémite,
» malgré vous, à cause précisément de la race soi-
» gneusement conservée qui crie en vous quand on
» la touche, comme la chair quand on la meurtrit.
» La grande question, elle est là tout entière. Nous
» n'avons plus de race, nous; elle a tellement laissé
» de fleurs et de madrigaux, en Alsace, en Norman-
» die, en Provence et sur les Pyrénées, que le Celte
» ne crie plus en nous quand on l'attaque. L'amour,
» ce grand volage, nous a fait bruns ou blonds,
» grands ou petits. Nous épousons la douce Anglaise
» avec la même facilité que la brûlante créole. Oui,
» nous n'avons plus de race proprement dite, d'a-
» tavisme, que lorsqu'il s'agit de la patrie fran-

» çaise. Mais vous, vous avez résolument, volontaire-
» ment, en grande majorité, mis une barrière entre
» le monde et vous. Je ne blâme pas, je constate.
» Vous constituez un *gulf stream* séparé dans le
» grand océan humain ; vous vous mariez entre
» vous, vos traits — fort beaux le plus souvent —
» vous servent de mot de passe pour établir une so-
» lidarité inouïe dans tous les mondes. Il suffit que
» l'un de vous soit opprimé pour que les autres
» accourent ; vous êtes la société secrète perma-
» nente, plus ancienne que toutes les autres, plus
» agissante, plus unie, plus séparée dans tous les
» temps et dans tout l'univers. Et je vous en félicite.
» Mais on se demande alors : « Peuvent-ils, dans
» ces conditions, avoir une patrie? » Vous dites oui,
» nous vous croyons ; mais nous savons que l'ata-
» visme est toujours là, toujours puissant, que vos
» chairs crieront à l'unisson d'autres chairs lorsqu'en
» un point du monde vos frères, votre race seront
» menacés et ce cri pourra être un jour, par pure
» coïncidence, une protestation contre la patrie fran-
» çaise. Que ferez-vous alors ! Et puis, il y a cet ar-
» gent, ce maudit argent. Que voulez-vous, on le dit
» irrésistible et vous l'aimez. Vous diriez le contraire
» qu'on ne vous croirait pas encore, remarquez-le
» bien. C'est une qualité encore, je vous l'accorde.
» Eh bien ! Cet amour des choses du négoce, cette

» spécialité merveilleuse, cette supériorité incon-
» testable et incontestée, cet atavisme enfin, vous
» crée des antagonismes naturels. Il faut sup-
» porter certains inconvénients pour tant d'avan-
» tages. Car vous accumulez la richesse malgré
» vous, fonctionnellement; vous attirez l'or comme
» l'aimant attire le fer, de sorte qu'on a pu dire :
» « Tous les accapareurs ne sont pas Juifs, mais
» tous les Juifs sont accapareurs » (dans le bon
» sens du mot, s'il en a un). Or donc, étant donné
» que vous revendiquez hautement l'honneur d'être
» de race juive, vous ne pouvez en renier les deux
» merveilleuses qualités ; la solidarité accusée par
» un esprit de famille que nous vous envions et une
» affinité pour les métaux précieux que nous sommes
» forcés de vous envier encore. Alors, soyons crus
» et vrais. L'excès de ces qualités constitue, il n'y a
» pas à le nier, un danger pour tous les peuples.
» Ils se raidissent constamment, vous le voyez bien,
» contre cette domination de l'or et de la sélection
» ethnique volontaire. Vous êtes bel et bien une
» aristocratie spéciale n'opprimant plus par le fer,
» mais par l'argent. Et vous avez le tort de toutes
» les aristocraties, c'est d'être attaqués, mais avouez
» que vous avez une fortune singulière, vous n'avez
» jamais été encore vaincus, comme toutes les autres
» aristocraties. Il y a un remède à tout, pourtant.

» Si vous voulez qu'on ne vous traite point en do-
» minateurs, faites alors votre nuit du 4 août. Ap-
» portez, non pas seulement votre argent sur l'autel
» humain, mais encore votre race, vos atavismes
» merveilleux. Ne faites pas un type à part, noyez-
» vous dans le grand courant universel. A ce moment
» il n'y aura plus de juifs, nous le serons tous et
» l'antisémitisme aura profité à tous, il aura vécu.
» Mais, je le répète, tant qu'il y aura de par le
» monde une race ayant son égoïsme à elle, ses
» pratiques, son type, qui se marquera, s'affichera,
» se différenciera à dessein, elle aura malheureuse-
» ment ses ennemis, ses détracteurs, ses envieux,
» ses proscripteurs comme les chinois aux Etats-
» Unis. Quand le plus grand nombre se sentira op-
» primé, ruiné, exploité, même par des hommes
» supérieurs, le plus grand nombre se révoltera et
» se ruera sur eux; ce sera l'éternel et inévitable
» plébiscite de la misère contre la richesse. Con-
» clusion, mon cher Naquet : c'est la question de
» race qui est l'obstacle et la cause du grand
» conflit. Or, vous tenez à la race plus que personne.
» Que faire alors? Résignez-vous et défendez-vous.
» Vous le faites, du reste, fort bien et vous n'êtes
» point des faibles, allez. Ou bien immolez-vous,
» vous minorité, pour le plus grand bien de la majo-
» rité. Le sacrifice ne serait pas sans grandeur. »

C'était, évidemment, la *voix* « Drumont » qui avait parlé. Elle se taisait sur une ironie : « Immolez-vous... » Mais Abraham n'écoute plus la voix des Elohim lui ordonnant d'immoler sa race, du moins quand ce sont, comme dans ce que nous venons de lire, des Elohim français qui parlent.

Pas bien longtemps après — un mois à peine — c'était au tour de la *voix* « Naquet » à suggestionner M. Francis Laur.

Le député de Neuilly fit à la salle des Capucines une conférence sur ce qu'il appelait « l'antisémitisme scientifique. » Il y fut beaucoup question de chiffres dont l'éloquence n'enthousiasma pas énormément les auditeurs, fort clairsemés malgré ce que le sujet de la conférence avait d'actualité. Il n'y eut ni coups donnés, ni carreaux cassés.

M. Francis Laur débuta par une jolie image; i parla de deux sortes de Juifs : les *Juifs d'origine* et les *Juifs ralliés*. Mais il répudia les mots de sémitisme et d'anti-sémitisme, et aussi celui de *juiverie* qui était offensant. Les Juifs sont offusqués de s'entendre appeler par leur nom. Et il préconisa, pour désigner le système hébraïque de l'accaparement, de l'agiotage, de l'appauvrissement du pays, ce terme nouveau qu'il devait à l'inspiration de son ami, M. Alfred Naquet : *l'hébréocratie*.

Mais ce mot nouveau ne parviendra pas jusqu'aux Saumaises futurs. Il n'a pas pris.

M. Francis Laur terminait son étude économique en indiquant trois remèdes destinés à enrayer les progrès du mal hébréocratique, remèdes bien plus efficaces, suivant M. Laur, que toutes les réactions violentes qu'il n'approuve pas :

1° La loi (application de l'article 419 contre les coalitions);

2° La science (donner la force transmise à domicile, comme on distribue l'eau et le gaz);

3° L'impôt (établir un impôt progressif non sur la fortune des particuliers, mais sur le chiffre des affaires).

Tout récemment M. Francis Laur interpellait le gouvernement sur la formation d'une société étrangère placée sous le patronage d'un ancien ministre, et qui, appuyée par une banque juive de Paris, avait pour but d'accaparer la plus grande partie de nos pêcheries de sardines.

L'antisémitisme n'a pas son journal. On s'est demandé pourquoi M. Drumont n'avait pas créé un organe destiné à propager sa doctrine. On lui en a même, quelquefois, fait un reproche.

L'autorité de son nom, la vogue de ses livres, l'attrait de la nouveauté — avec le piquant des médisances documentées qu'on s'attendait à trouver dans la *Croisade* promise — lui assuraient un grand succès de *départ*.

Par lui-même, par les influences de certaines parties de son entourage cà beaucoup, même de leurs deniers, l'eussent aidé, M. Drumont pouvait faire le journal. En ne le faisant pas, le chef de l'antisémitisme a montré une circonspection et une sagesse qui confinent à l'héroïsme, tellement elles comportent de renoncement.

Il eût été si doux d'avoir, tous les jours, sa pensée répandue dans les foules, de faire descendre — en la continuité des enseignements répétés — sa doctrine des hauteurs, — pas accessibles à tous — du livre, jusqu'au milieu des masses agissantes !

Mais aujourd'hui, l'on peut dire que :

Les journaux ne sont pas ce qu'un vain peuple pense.

Le journal est devenu une façon de prêtrise où plus que partout, les besoins du culte sont pressants. Et le tabernacle est une marmite qu'il faut faire bouillir. Si le drapier de la rue du Sentier, et le commissionnaire de la rue de Cléry, savaient quels miracles d'ingéniosité et d'adresse doivent produire parfois ses voisins du Croissant et de la rue Montmartre, pour faire aller leur petit commerce de papier imprimé, il arriverait à cette conviction, qu'il est moins pénible d'auner du drap et d'expédier des colis au-delà des mers.

Le journal vit par les affaires, et, par affaires, le commerçant — souvent sans orthographe — qui dirige le magasin, la boutique ou l'échoppe, n'entend pas seulement l'annonce, la bonne, franche, loyale annonce qui prône le remède au rhume et célèbre les glorieux calicots de la maison « L'Automne. »

Il faut que tout rapporte : le livre dont on parle, le scandale dont on ne parle pas, la gloire à *lancer*, l'infamie à noter. L'indignation bat monnaie et l'on n'admire pas gratis. Il faut traire l'interview, écumer l'actualité et faire suer le fait-divers. Que le Capitole paye et que le pilori casque ! Donnez de l'argent pour qu'on dise du bien de vous, et pour qu'on n'en dise pas de mal, passez à la caisse. La caverne des voleurs doit donner des mensualités, mais la maison d'oraison aussi.

L'article le mieux accueilli n'est pas celui qui est de la meilleure pensée et du meilleur style. C'est celui qui fera palper. La chronique doit être une affaire, comme le bulletin financier est une recette. Il faut des rédacteurs qui fassent la place.

Une émission est annoncée. Vite ! qu'on aille mon-

trer à ceux qui la font, les épreuves de l'article indigué, la *morasse* en langage typographique, où l'on
stigmatise la flibusterie. Les flibustiers sont-ils entrés en composition, de suite l'indignation est rentrée. Si l'on n'est pas tombé d'accord sur le prix de
de celle-ci, le public lira la vigoureuse diatribe,
sans se douter que c'est un air de romance :

Chantez ! Chantez toujours !

Et du reste, cela est forcé. Les frais sont énormes.
La vente au numéro, les abonnements, même la publicité vulgaire de la quatrième page, sauf pour certains journaux à très grands tirages, ne suffiraient
pas à couvrir les frais : le papier, la composition, l'impression. On comprend que dans ces conditions un
journal ne soit pas précisément fait pour servir une
idée. Il faut au contraire que l'idée lui serve. C'est
un rendement sur lequel on compte.

Or, l'antisémitisme implique tout le contraire d'un
journalisme d'affaires. S'en prenant à l'hégémonie
financière de la haute banque, à la féodalité commerciale des grands magasins, attaquant tous les
monopoles, toutes les formes de l'accaparement et
de l'agiotage, l'organe de l'antisémitisme n'eût rien

trouvé à glaner dans le champ de la publicité. Il lui était même défendu de chercher à le faire.

Sans les annonces du « Bonheur des Dames, » sans ce bulletin financier que prend à ferme une maison Lévy Cohen et Cie, quelconque, dépourvu des diverses mensualités que versent le *Crédit Hypothétique* ou la Banque Shebaoth, renonçant par principe à la chanson avec accompagnement de morasses, ainsi qu'aux subventions politiques d'où qu'elles vinssent, le journal antisémitique eût vécu la vie de son capital, prolongée un peu par la vente et les abonnements. Et sa disparition, saluée par des cris de triomphe que l'on devine eût fait, peut-être, plus de mal à la cause que son existence ne lui avait fait de bien.

D'ailleurs, suivant une comparaison que j'essayais, l'antisémitisme étant plutôt un état d'esprit qu'une opinion, n'a pas absolument besoin d'un organe qui le canalise, le dirige, et arrive à faire de l'idée un dogme irréductible, sans tolérance pour les idées qui, d'accord en principe, présenteraient certaines différences.

Quelle que soit la hauteur et le libéralisme de son esprit, M. Drumont ne peut s'empêcher d'avoir des préférences politiques, une philosophie caractérisée, et des tendances religieuses accentuées. Son talent même, dans le journal qu'il dirigerait,

n'aurait servi qu'à donner plus de force à quelques-
unes de ses idées personnelles absolument indépen-
dantes de l'antisémitisme. Le journal eût pu devenir
un gros-caillou quotidien : pavé royaliste, pierre
d'achoppement catholique. Or, le chef de l'antisémitisme a des partisans qui sont anti-juifs comme
Luther et d'autres qui le sont comme Voltaire. Il y
des rationalistes et des mystiques ; il y a des sceptiques et il y a des violents. Des républicains, des
dévots, des césariens, des libre-penseurs, des royalistes et des indifférents sont antisémites. Si peu
accusée qu'elle eût été, une ligne politique ou religieuse donnée au journal en eût éloigné bien des
gens.

La presse d'aujourd'hui, indépendamment du besoin d'argent a « une inextinguible soif du commé-
rage ». Le public aussi, sans qu'on puisse trop démêler
si c'est la presse qui a fait le goût du public, ou si
c'est le public qui a forcé la presse à suivre son
goût.

Autrefois, quand un homme politique, un diplo-
mate, avait, par profession, vu les dessous mystérieux des choses et assisté au fonctionnement secret des rouages, il notait ses observations pour
l'histoire. Devenu vieux, dans le grand apaisement
sceptique de l'âge, au milieu de l'ironie tranquille
dont la fin de la vie se teinte, il mettait ses souvenirs

en ordre. On écrivait ses *Mémoires* pour la postérité. Une génération devait passer sur ces rétrospectifs récits qui auraient ainsi l'arôme calme, le bouquet reposé des vins vieux, longtemps restés en bouteille. La poussière du temps et ses toiles d'araignées donnaient, aux révélations des faits passés, un cachet d'authenticité, quelque chose de piquant, à la fois et de respectable. Aujourd'hui le vin est frelaté et le goût d'à-présent veut qu'on le serve vert, cru, salissant la nappe de ses taches douteuses. Et le public pris d'un *pica* moral, s'en lèche les lèvres. Trente ans après la mort de M. Mermeix, ses *Mémoires* sur le boulangisme eussent été un livre curieux. Mais leur auteur n'a pas eu cette patience. Il comprenait son époque, et savait que dans chacun de ses contemporains il y a une portière qui sommeille. Sa curiosité doit être titillée par une alléchante « la suite au prochain numéro ». On n'écrit plus l'histoire ; l'on fait du reportage.

Toujours est-il que le lecteur veut avoir son petit scandale quotidien d'un sou. Celui qui achèterait le journal antisémitique se dirait : « Voyons ce que les Juifs ont encore fait ? » Et il faudrait, chaque jour, mettre sous la dent du lecteur un nouveau méfait juif, car on ne prendrait pas le journal de M. Drumont pour y trouver la lecture que tous les autres journaux distribuent à leur clientèle.

Les documents de douze mois donnent le livre de l'année, l'œuvre façonnée avec amour, repolie et châtiée. C'est l'enfant conçu dans les voluptés au repos et qui vient au monde fort et joli de santé. Le journalisme, ce sont les conceptions journalières souvent peineuses, avec les fruits quelquefois mal venus des amours hâtives, brûlées de fièvre. On comprend que l'homme qui aime à se mirer dans son œuvre, à y voir l'image de son esprit et la ressemblance de son âme, recule devant l'asservissement de la copie à heure fixe, — l'art devenu industrie — et devant la puissance dépensée en menue monnaie.

L'extrême liberté de la presse, le nombre énorme des journaux et leur diversité, en facilitant la diffusion de toute idée, de tout intérêt, de toute doctrine, ont enlevé à ces quatre pages d'impression l'influence qu'elles avaient autrefois. On voit moins la chaire, et plus le tréteau, où l'on flaire le boniment payé. Parmi ceux qui lisent, presque tous lisent plusieurs journaux, et peu nombreux sont ceux qui croient... La presse ne mène plus l'opinion. Elle essaye de la suivre. Le public commence à connaître les coulisses du journalisme et devine un peu ce qui se passe derrière le manteau d'arlequin. Il ne se laisse plus guère prendre aux pièges en prose où Giboyer vante les mérites financiers de la dernière émission que Macaire daigne patronner.

Il est vrai qu'il croit encore aux pronostics de courses. C'est presque le seul coin de bois où l'on puisse, sans trop de peine, voler son homme.

Le Dieu cheval fait le pendant du veau d'or. Il y a des périodes, comme cela, dans l'histoire du monde, où l'on a vu les peuples adorer des bêtes. Aujourd'hui l'amour des courses est devenu une manie terrible, irraisonnée. Chez le grand nombre, quelques chevaux galopant sur un hippodrome cela prime tout! C'est la plus exquise des jouissances et c'est le sentiment le plus élevé qui puisse trouver sa place dans une âme d'homme. Cette ataxie sociale a envahi toutes classes. Des ouvriers se rendant à l'atelier, des employés qui vont au bureau, même des jeunes filles, de petits saute-ruisseau lisent, en marchant dans les rues, non plus le feuilleton émouvant ou la polémique, mais un de ces journaux où l'on parle de chevaux dans un style de jockeys. Ces feuilles sont très nombreuses et certaines d'entre elles ont un tirage que leur envieraient bien des journaux politiques. Quelques-uns de ces derniers trouvent moyen de tirer un bénéfice de la passion sportive. Non seulement la rubrique des courses est affermée comme le bulletin financier, mais encore, sous le couvert du rédacteur chevalin, on vend des certitudes et des quasi-certitudes. Si pour cinq francs, l'on est presque sûr de gagner, en doublant la mise, on est absolument certain de gagner, à moins que l'on ne perde. Le parquet n'a pas encore poursuivi ce genre d'industriels. L'article 405 du Code pénal, porte cependant que : « quiconque, soit en faisant usage de faux noms ou de fausses entreprises, d'un pouvoir ou d'un *crédit imaginaire*, ou pour faire naître l'*espérance* ou la crainte *d'un succès*, d'un accident ou de tout autre *événement chimérique...* » aura escroqué ou tenté d'escroquer de l'argent, sera puni d'un an à cinq ans de prison, de 50 à 3.000 fr. d'amende. Il pourra être, en outre, privé de ses droits civils pendant cinq ans au moins et dix ans au plus. — Il est vrai qu'en opérant seulement sur les demi-certitudes, on éviterait de tomber sous la loi qui ne parle ni du crédit quasi-imaginaire, ni de l'*Événement* quasi-chimérique. Tout, dans l'écurie, sent l'escroquerie à plein nez. Si l'on sait d'une façon sûre qu'un cheval doit gagner, c'est qu'il y a une de ces combinaisons qui sont destinées à rouler le gogo, et alors la plus noble conquête de l'homme est biscautée comme une simple carte. Si l'on ne sait rien, et que l'on annonce le gagnant au hasard, on vole le ramolli qui vous porte son argent en échange de l'oracle. Cet argent est sollicité par tous les appeaux que peut imaginer un *bookmaker*. On voit, dans tous les journaux, des annonces comme celles-ci.

COURSES Act. de 25 fr. remboursables en entrées. Magnifique affaire. Demander notice et plan.
A.....

---

25 F. par jour AVEC **50** par mois **AUX COURSES**
X..... Paris, env. circ. contre timbre.

MÉTHODE INFAILLIBLE pour **gagner aux courses**
Sans martingale ni tuyau, prix 2 fr.
Pour opérer soi-même, COTE OU PARI MUTUEL
1347 fr. **10** bénéfice du 20 avril au 20 mai

M. Drumont a été sage de ne point faire de journal. Le public aurait fini par lui demander des tuyaux : le commencement de la lorgnette !

L'accaparement de la presse contemporaine par le juif est à remarquer. Pas de feuille à grand

tirage ou d'anémique canard qui n'ait son Juif,
comme le *Juif de maison*, en Russie. Nous avons
vu, même, un juif dans un journal où Jésus-Christ,
est crucifié sur les manchettes. Qu'il s'agisse
d'une affaire à traiter, d'un article à faire passer,
d'une insertion qu'on demande, dès que l'on a
ouvert la porte d'un journal, on est à peu près sûr
que ce sera un Juif qui viendra flairer l'affaire,
soupeser l'article, discuter l'insertion. Des jeunes
gens frais émoulus des *Judengasse* d'outre-Rhin, —
si on leur pressait le nez il en sortirait encore le vin
aromatique que le circonciseur y a insufflé —jugent
la valeur de la *copie*, du haut de leur compétence.
Il ne faudrait pas, la plupart du temps, leur demander d'écrire le français. C'est tout juste s'ils
le *barlent*, comme ce rabbin que j'entendais, il y a
quelque temps, dans une Synagogue de Paris. Il
avait à dire, à la fin de l'office, la prière concorda-
taire qui est le *Domine Salvam fac Rempublicam*
des Israélites. Il la récitait ainsi : « Grand Tieu, Zei-
gneur Edernel et dout Buissand, Brodège la Vranze,
la Rébuplique Vranzaise, et le Beuble Vranzais. »
Dans leurs journaux, il n'y a pas de bassesse
qu'ils n'écrivent quand il s'agit de glorifier les chefs
de leur race, de vénérer leurs *Kohanim*.
Cet été, on pouvait lire, dans l'*Echo de Paris*, le
filet suivant :

« A Trouville, foule sans cesse croissante... Les
« familles Alphonse et Gustave de Rothschild sont
« installées, comme toujours à l'hôtel de Paris et,
« de la Table Ronde, devenue légendaire où
« elles prennent leurs repas, elles se divertissent
« fort, non seulement du flux ou du reflux de la
« Manche, mais encore de la marée humaine qui,
« bruyamment, s'agite autour d'eux. A leur table, le
« baron Arthur de Rothschild, quand il n'est pas à
« bord de son beau yacht l'*Eros :* des gens de sport..
« puis quelques jeunes gens... »

Il me semble que si j'étais M. de Rothschid je
payerais au besoin, pour empêcher la publication
d'un écho de ce genre. Il y a des laudatifs qui rendent ridicule. On les voit d'ici, ces *Chevaliers de la
Table Ronde* dont la légende commence à s'emparer,
— c'est le lyriste du filet ci-dessus qui nous l'apprend. Le baron Arthur remplace le roi Arthur;
Amadis, Tristan et Lancelot sont les barons Alphonse et Gustave, et sans doute encore quelque
baron Rothschild — il n'y a que des barons dans
cette famille ! Quant aux quelques jeunes gens,
seigneurs sans importance, ce sont de vieux noms.
Ils eurent peut-être un aïeul chevalier de la Table

Ronde du cycle héroïque. Eux marchent héroïque-
ment vers le menu qu'ils payeront en flagorneries de
parasites.

Giton rit des bons mots que Turcaret débite!

III

Un homme qui a mis une grande énergie au service de convictions ardentes, un républicain de nuance avancée, auquel personne n'a songé à prêter les moindres attaches cléricales, M. Eugène de Redon, conseiller général d'Alger, s'est fait le protagoniste de l'idée antisémitique en Algérie. Il a créé là-bas, au commencement de cette année, un journal hebdomadaire « *L'anti-juif* » dont le succès ne cesse de croître.

C'est que, dans notre Afrique, la haine du Juif n'est point à l'état latent. Elle n'est pas sortie, cette haine,

d'une prédication montrant le danger juif et finissant
par convaincre. Le livre n'en a point jeté la formule,
toute tracée, aux esprits. Dans nos départements
africains, l'antisémitisme est, pour ainsi dire, de
génération spontanée. C'est là, en effet, que nous
apparaît le mieux, dans la hideur de son instinct,
dans la malfaisance de son esprit, le juif *nature*.

Au milieu des ruelles étroites d'une kasbah, on se
retourne à une apparition qui frappe, comme quelque chose de jadis revenant là tout à coup, vivant,
en pleine belle lumière crue. C'est un Juif qui passe,
voûté, le nez crochu, les cheveux longs, bouclés et
gras, tombant sous la calotte, le regard furtif, marchant — il semble — d'un pied fourchu, et la main,
ainsi que sur une bourse de sequins, fermée en un
geste de méfiance protégeante.

Il est tellement vilain, et sale, qu'il en est joli,
dans le genre bibelot. L'on dirait Shylock sorti de
son ghetto. Il faudra en garder quelques-uns pour
la couleur locale et l'art rétrospectif. Il y a là des
têtes et des vêtements comme on devait en voir à la
crucifixion.

Malheureusement, les jeunes s'habillent à la moderne. Le pittoresque y perd sans que l'honnêteté y gagne. Car le Juif algérien a su s'élever à des hauteurs
de malhonnêteté qu'on ne soupçonnerait pas. Com-
mercialement, il est une plaie. Il y en a un qui m'a

avoué, avec un cynisme triomphant, qu'il avait fait
sa fortune « dans les concordats. » De faillite en
faillite, il était parvenu à la rente et à la considé-
ration.

Trois volumes publiés chez M. Albert Savine,
L'Algérie juive et *Les Juifs en Algérie* de M. Georges Meynié, ainsi que le livre tout récent de M. Raoul
Bergot, *L'Algérie telle qu'elle est*, sont documentés
d'une façon intéressante sur la question juive dans
notre colonie.

Politiquement parlant, les Juifs algériens sont
devenus atroces, depuis que le funeste décret Crémieux leur a accordé la naturalisation française.
C'est un vrai bétail électoral. Le consistoire les conduit aux urnes comme s'il les menait paître. Et
ils y paissent, en effet ! Dans la semaine qui précède
le vote, il se tient un vrai marché aux voix. Plus on
approche de la clôture du scrutin, plus il se produit
de hausse. Le cours devient très élevé en cas de
ballottage. Dans ces conditions monétaires, le classi-
que « aux urnes ! pas d'abstention ! » est la devise
d'Israël. Toutes les tribus existantes vont voter. Les
vieillards, les malades, les infirmes sont conduits en
voiture aux sections, par des hommes de la Synagogue. Il y a là un défilé bien amusant, avec ses types
d'hébreux bizarres, imprévus. Je me rappellerai tou-

jours en vieux juif — vieux que ça en avait l'air d'une
légende. On eût dit vraiment que c'était Isaac La-
quedem : « Tu voteras quand même pendant plus
de mille ans. » Un autre qu'on apportait, râlait.
C'était d'un macabre drôle à voir voter cet homme
qui avait déjà un pied dans le sein d'Abraham.

Les tribus perdues et qu'on cherche encore doivent voter. Au moment des élections il vient, on ne
sait d'où, des juifs nomades, vagues Ilycsos que le
désert vomit et auxquels, comme des cailles toutes
rôties, la Synagogue donne des cartes électorales.
Le gouvernement a, dans le consistoire Israélite, un
précieux auxiliaire. Le consistoire reçoit une foule
de faveurs gouvernementales et les paye en votes.
Un Juif mal dégrossi, Kanouï, président du consistoire d'Oran, est le grand électeur de la province.
On a décoré ce marchand de voix. Cette décoration
fit scandale.

Pas loin de là, au Maroc, un traficant juif qui avait
servi de drogman à notre légation M. H... Ben-Ch... fut
décoré quand on se priva de ses services. On pourrait
faire de cela un conte arabe avec un titre italien :
« *Traduttore — Traditore.* »

C'était après la guerre de 1870, sous la présidence du Maréchal. Un nouveau ministre de
France était reçu en audience solennelle par le sultan du Maroc. L'ambassadeur, dans sa harangue,

parlait au souverain, comme toujours, de la paix régnant entre les deux pays, de l'amitié qui les unissait et que la France — qui était restée une grande nation malgré ses revers — scellait à nouveau par l'envoi de son représentant. D'ailleurs le Maréchal de Mac-Mahon, personnellement, chargeait le ministre de rappeler à Sa Majesté Shérifienne les bons rapports qu'il avait eus avec Elle, pendant son passage au gouvernement général de l'Algérie.

L'interprète juif traduisit : — Puissant seigneur ! tu vois devant toi le représentant infortuné d'un malheureux peuple, qui te supplie d'exercer envers lui ta générosité. La guerre a épuisé ses ressources, et la famine sévit en Algérie sans que la France puisse secourir sa colonie. Le chef des Francs, le maréchal qui gouverna les pays d'Alger, se souvient qu'il eut en toi un voisin bienveillant, et il te conjure, au nom de cette ancienne amitié, d'autoriser pour l'Algérie l'exportation du bétail.

Le sultan répondit :

— Je suis touché des malheurs des Francs. Leur chef est mon ami, et c'est un vaillant soldat. Les hommes qui portent l'épée, chez tous les peuples, doivent se prêter assistance. Malgré les lois de mon empire qui interdisent l'exportation du bétail, afin d'empêcher la famine au Maroc, je consens, sur la demande du Maréchal et de son représentant, à laisser sortir les bestiaux dont l'Algérie aura besoin.

L'interprète se tourna vers le ministre :

— Sa Majesté vous remercie des paroles de paix et d'amitié que vous lui apportez. Elle fait les vœux les plus sincères pour la prospérité de la nation des Francs et le bonheur de son illustre chef.

Quelques heures après, le traducteur roublard revenait seul au palais du sultan, où il était mis en possession du firman autorisant l'exportation du bétail. Cette pièce constituait pour son porteur un monopole. Et ceci nous dispense d'en dire plus long...

Le ministre, qui ne savait pas l'arabe, naturellement, ne connut la chose que bien longtemps après. Mis à la retraite, l'interprète fut décoré... C'est aujourd'hui le plus gros bonnet de Tanger. A un voyage que je fis au Maroc j'eus l'occasion d'être reçu chez lui. C'est un homme fort aimable et très accueillant. Il me fit visiter sa maison de campagne d'où l'on a une fort belle vue sur le détroit que sillonnent les navires, tandis que, dans un coin du tableau, Tanger étale la blancheur de ses maisons, et pique dans le ciel bleu les pointes de ses minarets.

Le Juif algérien est parvenu à se concilier l'antipathie de tout le monde. Le colon le hait, l'arabe le déteste et le méprise. Et pourtant le colon n'est

pas un clérical, et l'arabe n'est pas un chrétien !
Mais le Juif a trop volé, trop pillé, trop pressuré, et
le décret de l'abominable Crémieux a trop incrusté
le Juif dans notre colonie, pour que la réaction
n'éclate pas, violente, parmi tous ces Français,
travailleurs énergiques à la fin se révoltant de
suer sur un labeur dont le Juif seul profite.

L'arabe qui a tenu pendant si longtemps le juif
en vasselage, ne peut comprendre que, par le fait
de la conquête française, le Juif soit devenu son supérieur politique, son maître. C'est à Crémieux que
nous devons l'insurrection de 1871.

Les déprédations, les exactions dont les Juifs se
rendent journellement coupables envers les arabes
sont la cause de ces *nefras* ou attaques à main
armée, dans lesquelles les boutiques juives sont
pillées. Un journaliste ami du pouvoir, et qu'on voit,
au moment des élections, marcher la main dans la
main avec ces messieurs du Consistoire, mais qui
fait preuve de bonne foi, M. Bézy, rédacteur en chef
du *Petit Fanal* d'Oran, est forcé d'imputer aux Juifs
la responsabilité des *nefras*.

« Certes je ne donne pas raison aux indigènes qui
» se sont fait justice eux-mêmes mais, entre nous, il
» faut bien l'avouer, les autres n'ont pas volé un châ-
» timent infligé par ceux qu'ils exploitent si indigne-

» ment. Il existe certainement des israélites honnêtes.
» J'en connais qui professent des sentiments pleins de
» dignité et de désintéressement. Mais, hélas! ils sont
» bien peu nombreux. Pour la très grande majorité,
» le culte de la pièce de cent sols passe avant tout, et
» ils se vendraient pour quelques écus, comme ils ont
» vendu le Christ leur sublime prophète. On sait
» avec quelle âpreté ils sucent les arabes jusqu'à la
» moelle. On parle de la fabuleuse multiplication du
» phylloxéra, mais elle n'est rien à côté de la façon
» dont les enfants d'Israël s'entendent à faire faire
» des petits aux dettes des indigènes. Des fortunes
» de plusieurs centaines de mille francs disparais
» sent à la suite d'un prêt de quelques francs! On
» pourrait facilement constater tous les jours l'exis-
» tence des spéculations de ce genre. L'arabe subit
» la loi fatale, dans l'espoir de prendre sa revanche,
» et un jour, il s'entend avec des milliers de coreli-
» gionnaires, tous victimes comme lui de la crimi-
» nelle usure, et il se fait justice à sa façon, puisque
» la loi française n'empêche pas une véritable ini-
» quité. Au point de vue moral, il est dans le vrai.
» La provocation vient de ceux qui le volent, et il
» se trouve dans le cas de légitime défense. »

Et quelle justice le pauvre arabe peut-il espérer
sous la domination franco-juive? M. de Redon, dans

son journal, nous cite le cas d'un arabe passant en Cour d'assises à Constantine et qui, là, ne voit la justice que sous des traits juifs. Le greffier est juif, l'huissier audiencier est juif, le substitut est juif, et le malheureux est défendu par un avocat juif. L'arabe, comme il fallait s'y attendre, a fini par être guillotiné. Le triangle juif devait fatalement lui tomber sur la tête.

Par contre, le Juif se voit l'objet de toutes les grâces. Un souteneur juif d'Oran condamné à mort, il y a quelques mois, pour avoir tué une jeune chrétienne, eut sa peine commuée et fut entouré de douceurs. Il est certain que ce Ben-Susan ne finira pas ses jours au bagne et je ne désespère pas, pendant un hivernage en Afrique, d'être reçu dans sa villa d'où j'admirerai un point de vue charmant. Et peut-être sera-t-il pris de velléités littéraires et politiques. Il voudra faire du journalisme et servira à ses lecteurs de la prose qui cessera d'être l'hébreu d'Ezéchiel ou de Malachie, mais qui ne sera pas encore, même le français de M. Georges Ohnet. Ce sera un vague charabia dans le genre de cette lettre que M. N. Sebaoun, directeur de l'*Avenir de Mostaganem* adresse à un de ses confrères de la presse Algérienne, le directeur de l'*Aïn-Sefra*.

L'*anti-Juif* de M. de Redon nous a gardé cet échantillon.

A Monsieur le directeur de l'*Aïn-Sefra*,

« En réponse à une appréciation en date du 25 mai, insérée dans le dernier numéro de votre journal, j'ai l'honneur de vous informer que vous êtes *en erreur, la feuille que je porte* n'est pas rédigée dans le but de vous combattre. *Elle n'est pas inspirée par aucun personnage politique que vous paraissez croire*, j'ai rédigé cette feuille comme bien d'autres de vos confrères, et du moment qu'elle ne vous visait pas, *vous n'avez rien à vous occuper.* »

Comme circonstance atténuante pour M. Sebaoun, je dois dire, qu'il n'y a pas bien longtemps, dans un grand journal mondain dont le directeur a été décoré — ne désesperez pas, M. Sebaoun! — un écho galant d'un style visant au précieux, finissait par cette expression que Noël et Chapsal désavouent : *s'en rappeler.*

L'espèce de tétanos social que les Juifs ont communiqué à l'Algérie ne provient d'aucun antagonisme religieux ou ethnique. Les arabes sont des sémites, comme les juifs, et comme eux ils sont circoncis. Leur souche est la même, suivant une légende également admise par les deux peuples. Abraham

chez qui l'instinct de la paternité semble avoir été
atrophié, perdait dans le désert Ismaël d'où sont
sortis les arabes et s'apprêtait à saigner Isaac
— point de départ des Juifs — comme pour en faire
une viande Kasher. Les arabes n'ont pas à reprocher
aux Juifs d'avoir mis à mort Jésus-Christ, et, on ne
peut admettre que leur haine si vivace, si persis-
tante soit tout simplement la revanche d'Ismaël.

L'Israélite a toujours semblé, au musulman son
cousin, un parent désagréable et dangereux. Le
connaissant bien, comme on se connaît entre parents,
Ismaël n'a cessé de tenir Isaac à l'écart, et il a tapé
dessus quand celui-ci dépassait la mesure, ce qui lui
arrivait souvent.

Le chrétien — le roumi — est assurément pour
l'arabe un ennemi à combattre, mais le Juif est quelque chose de pire et de moindre en même temps.
L'arabe flaire le Juif comme le chien flaire le loup.
On connaît l'histoire de la sentinelle turque em-
pêchant Disraëli d'entrer dans le Saint-Sépulcre :
« Toi... Juif !... »

Le turc est un meilleur gardien du seuil que le
chrétien qui a laissé pénétrer le Juif partout. Il semble que cela doive donner un accent de vérité au cri
qui termine la petite anecdote drôle que Gérard de
Nerval raconte dans son *Voyage en Orient* :

Il se trouve sur le pont d'un navire avec un Marseillais qui s'obstine à appeler les turcs, des *turs*, et qui lui soutient que si l'on veut en voir, il est inutile d'aller à Constantinople où il n'y en a plus. « — Vous allez loin, répliquai-je — c'est Gérard de Nerval qui parle — j'ai vu moi-même un assez bon nombre de turcs (j'affectais de dire ce mot en appuyant sur la désinence) : le provençal n'acceptait pas cette leçon. — Vous croyez que ce sont des *turs,* disait-il d'une voix encore plus flûtée : ce ne sont pas de vrais *turs...* Ce sont tous là des Grecs, des Arméniens, des Italiens, des gens de Marseille. Tous les *turs* qu'on peut trouver, on en fait des cadis, des ulémas, des pachas, ou bien on les envoie en Europe pour les faire voir. Qu'est-ce que vous croyez que les diplomates feront quand les rajahs viendront leur dire : voilà le malheur qui nous arrive ! Il n'y a plus un seul *tur* dans tout l'Empire. Nous ne savons que faire. Nous vous apportons les clefs de tout. Le pape de son côté dira : Eh ! mon Dieu ! que faire ! Qu'est-ce qui va garder le Saint-Sépulcre à présent ? Voilà qu'il n'y a plus de *turs* ! »

Un dernier trait — l'histoire est toute récente — pourra montrer combien les Juifs algériens sont insupportables : ils s'exècrent les uns les autres. Tout récemment la discorde a éclaté dans le camp de

Sem. Cela est venu à propos de galette — au sens
pas du tout métaphorique du mot.

Un pâtissier d'Oran avait vendu, pour la Pâque,
à ses coréligionnaires, des galettes *rekaka* qui, après
examen, furent reconnues n'être pas orthodoxement
azymes. Or Moïse a dit : « Qui aura mangé ce jour-
là du pain fermenté, périra dans Israël. » Ne pouvant,
à cause de nos justes lois, faire passer au malencon-
treux boulanger, le goût du pain — fermenté ou
autre — la Synagogue dut se contenter de l'excom-
munier.

Voici le texte de l'anathème :

» Aux Saintes Communautés des circonscriptions
» d'Oran que Dieu les conserve ! — Sainte commu-
» nauté, soyez bénie ! — Nous, grand Rabbin et
» Dayanin (juges rabbiniques) de la sainte commu-
» nauté d'Oran. Avons l'honneur de vous informer
» que Saadia Sultan a fait venir du dehors de la
» farine avec laquelle il a fait des galettes rekaka
» pour la Pâque. Cette farine, il l'a mise en vente
» comme kascher pour la Pâque par l'entremise de
» Judas fils de Messaoud ben Amouzigh et de Mes-
» saoud, fils de Khouya Kalfon. Aussitôt que nous
» nous en sommes aperçus, nous avons appelé Judas
» ben Amouzigh et Messaoud Khalfon qui nous
» ont dit l'avoir achetée d'Eliaou Beddouck à Oran.

» Lorsque M. Eliaou Beddouck nous a prouvé qu'il
» ne leur avait rien vendu, ces individus ont été obli-
» gés d'avouer que Saadia Sultan avait fait venir la
» farine de Mostaganem et qu'ils étaient intéressés
» avec lui. De suite nous avons annoncé par le crieur
» public que personne n'eût à acheter de leur farine
» et de leurs galettes comme étant Hametz (pain
» levé) par le motif que la Sainte Communauté n'a
» de confiance qu'en ce qui se fait par les soins des
» Rabbins de la ville et des surveillants de con-
» fiance. Et comme ces individus se sont entêtés et
» qu'ils ont continué à vendre en trompant le pu-
» blic dans une affaire qui emporte la peine du
» retranchement (Kareth), et que de plus ils ont
» insulté les Dayanin (juges rabbiniques), ne comp-
» tant que sur leur force brutale et sur les propos
» malpropres que ne savent tenir que ceux qui en-
» freignent la loi. C'est pourquoi nous nous sommes
» réunis et avons convenu que Saâdia Sultan, fils
» de Messaoud ben Amouzigh et Messaoud, fils
» d'Isaac Kalfon, sont en Niddouï, Herem et Sche-
» matta (trois degrés à l'excommunication). Nous
» demandons à l'Eternel de faire leur procès pour
» cette profanation de Dieu dont ils sont coupables.
» — Que Dieu voie et juge. Ainsi soit-il ! — Mais
» pour vous, qui vous êtes attachés à l'Eternel, votre
» Dieu, vous êtes tous vivants aujourd'hui.

» Salut à vous ! — Oran, le 4 avril 1890.

» Telles sont les paroles des humbles parmi les
» Membres de la Communauté d'Oran et de ses cir-
» conscriptions. — L'humble (signé) Moïse, fils de
» Siméon Weill que sa fin soit heureuse ! — L'hum-
» ble (signé) Jacob Darmon que sa fin soit heu-
» reuse ! — L'humble (signé) Abraham Sibouni que
» sa fin soit heureuse ! »

C'était, en Hébreu, une variante de la chanson :

> *Maudit pâtissier*
> *Tu nous a trompés.*
> *Tes petits pâtés*
> *N'étaient pas sucrés !*

Mais l'homme aux galettes plus ou moins rekaka
attaqua Moïse fils de Siméon (Weill) — que sa fin soit
heureuse ! — en diffamation. Le tribunal de première
instance condamna le rabbin à une amende. Cette

question de galette a ému douloureusement Israël
dont l'organe attitré — *les Archives Israélites* — a
envoyé aux juges ce premier avertissement :

« — Un grave incident s'est produit, à Oran : il a
défrayé la *malignité* d'abord des feuilles locales,
puis de celles de la métropole : le grand Rabbin a
été traduit en justice par un commerçant *qui l'accu-
sait* de l'avoir lésé dans son industrie, et a été frappé
par le tribunal d'une condamnation pécuniaire pour
*un acte qui n'était que le légitime exercice de son
droit religieux* : Nous reviendrons la semaine pro-
chaine avec détails, sur ce *fâcheux arrêt* qui, nous
l'espérons, *sera réformé* en appel. »

L'Algérie réserve pas mal de surprises aux Juifs
qui y ont semé beaucoup trop de vent pour n'y pas
récolter... le simoun. Ils ne surent jamais avoir le
triomphe modeste — un triomphe immérité et bien
sans gloire, pourtant. Quel que soit l'avenir réservé
en France à l'antisémitisme, il est certain que là-bas
l'esprit de résistance aux Juifs ira en s'accentuant.
Le terrain a été, par eux-mêmes, préparé. C'est
grâce à eux, — comme toujours et comme partout —
que l'antisémitisme pousse en Algérie. Dans ce pays-
là tout mûrit plus vite.

Il n'entre pas dans le cadre de ce livre qui n'a

trait qu'à l'antisémitisme chez nous, de parler de
la lutte entreprise à l'étranger contre les juifs. L'un
des arguments de la défense hébraïque, dans cette
bonne France nourricière, que les juifs aiment tant
à traire, consiste à dire que l'antisémitisme est une
importation du dehors.

Et le sémitisme donc?

Ils oublient trop facilement que leurs noms trahis-
sent le plus souvent, une origine d'outre-Rhin. Si
on les a exécrés en tout temps, si on les déteste en
tous lieux, c'est que toujours, et partout, ils ont su se
rendre haïssables. Mais notre antisémitisme doit être
avant tout national : un système de défense et de
préservation de la patrie. Nous ne pouvons pas
nous intéresser à la lutte des autres peuples contre
Israel. Et, dans notre égoïsme nous devons souhaiter , même , que cette lutte n'aboutisse pas à
l'expulsion des Juifs . Ils viendraient tous chez
nous.

Qu'ils gardent donc leurs juifs ! Nous avons
assez des nôtres.

A moins que tous les peuples, d'un commun accord, ne parviennent à rapatrier cette encombrante
nation dans son aride petit pays de Judée; ce qui
serait un rêve.

Oh ! comme l'on aimerait voir — pour de vrai —
ce que le prophète Habacuc a prédit :

« Et quand le temps de sa miséricorde sera venu, il saura me donner *l'agilité des cerfs* pour regagner la Judée. » (Ch. III, p. 19).

Malheureusement, jusqu'ici, l'agilité des Cerfs et autres Hirschs s'exerce dans un autre sens !

IV

Il y a chez les Juifs, on ne saurait le nier, bien des côtés qui intéressent. J'en connais qui sont charmants, parmi ces exilés de la Palestine ; quelques-uns sont mes amis. L'antisémitisme leur est une énigme. Au milieu du laisser-faire indifférent de cette époque, dans l'indolence tolérante de la société d'à présent, une animadversion religieuse, la haine transportée dans le domaine de l'ethnologie, prennent, à leurs yeux, l'allure d'anachronismes déconcertants.

Ils ne comprennent pas qu'on les aille chercher dans leur race et dans leur culte qui, en somme —

à leur sens — ne sont ni pires ni meilleurs que d'autres, et, pas responsables — ils disent — des méfaits particuliers. C'est là qu'est leur erreur mais, aussi, c'est par là qu'ils présentent un intérêt — dans le genre métaphysique peut-être — très spécial.

Ils sont bien enfoncés dans leur race et dans leur culte, où ils s'unifient — plus qu'ils ne le voient — en un type : l'image et la ressemblance dont parle leur Génèse. Il suit de là que chez eux le méfait n'est pas aussi particulier qu'ils le veulent faire croire. C'est le méfait du type.

Et ils y restent, dans le type — s'y complaisant — obstinés comme en un mysticisme. On les voit, à travers les temps, prisonniers de la même immuable *ananké*, se faisant — dans la perpétuité de leur légende — leurs propres geôliers.

Tout, chez eux est — quoi qu'ils en prétendent — superbement mystique, d'un mystique noir; et ce sont, encore, de merveilleux mystagogues. La mysticité leur sert comme, aux démagogues, l'amour du peuple.

Aussi, ne serait-ce pas une des choses les moins curieuses que de soulever par un de ses coins le voile du temple. Les sceptiques de chez eux en riraient, mais le rire ne serait pas franc. Il y a toujours un moment où le Juif rentre dans la Synagogue. On se rappelle que M. Naquet menaçait

M. Francis Laur d'y revenir, si l'on continuait à attaquer sa race. Ce n'est plus, pour lui, le temple où l'on prie, mais c'est encore, c'est toujours la tente de Sem sous laquelle le grand nomade se repose.

Là, dans son vrai chez lui, le Juif est curieux à voir.

La Synagogue de la rue de la Victoire était en fête, un jour du mois de mars dernier. Une foule composée de tout ce qu'il y a de plus huppé dans les douze tribus, accourait vers la grand'tente.

Des femmes, dans des voitures aux invraisemblables armoiries surmontées de tortils achetés — baronnes du Saint-Empire, comtesses papalines — montraient leurs profils d'asiatiques habillées chez le bon faiseur, atavismes parfois jolis qui faisaient vivre en ces froufrous, des réminiscences bibliques : Rachels du faubourg Saint-Honoré, Judiths du quartier Monceau, Esthers des Champs-Elysées.

Il y avait, tout près, en habits pisseux, en cheveux longs, avec des souliers éculés par des marches aux grandes routes du monde, le vieux Juif qui ne vient de nulle part et qui va partout, l'Hébreu à la pauvreté hypocrite, à l'humilité méfiante : l'Ahasvérus des *pons lorgnettes*. Dans le temple où il ira s'asseoir aux premières places, on l'entourera d'un grand respect. Il est des *Kohanim*; sa tribu était consacrée au service du Dieu de la nation. Rien dans la tradition ne s'est perdu : sous le marchand de vieux déchets on retrouve le lévite !

Puis ce sont des hommes politiques ; des libres-penseurs pratiquants, de gros financiers à châteaux historiques, des changeurs du coin — l'œil sur la Belgique — des coulissiers trop bien mis

Mis
Comme des princes
Qui jadis, sont venus
Nus
De leurs provinces...

... danubiennes. On voit même de beaux vrais Juifs d'Orient. Ce superbe turban vert est porté par Abou-Nadara, patriote Egyptien qui a joué un certain rôle dans la politique des bords du Nil — une réminiscence de Moïse, sans doute.

Je retrouve, dans la foule, un orateur de réunion publique qui a pris la parole, un jour, après M. Drumont pour dire très crânement — il faut le reconnaître — :

— J'ai l'honneur d'être sémite...

Pourtant il y a une petite inconséquence dans son fait. Il avait hautement protesté de son indifférence religieuse. Sans doute, incrédule partout ailleurs, il n'est croyant que rue de la Victoire. Le Judaïsme ne répugne pas à ces casuistiques.

C'était pour une rare cérémonie, que, du temple ce jour-là,

Le peuple saint, en foule, inondait les portiques

Le grand rabbin, M. Zadoc Kahn était installé solennellement dans son sacerdoce. Il devait recevoir la consécration de la plus haute autorité, de la plus suprême puissance, du pontife souverain de la Fortune, du pape de l'or, de M. Alphonse de Rothschild.

Tel, Salomon quand le temple fut construit, avec une pompe magnifique y installa le grand-prêtre qui s'appelait, lui aussi, est-ce par hasard, — on ne sait jamais à quoi s'en tenir avec ces mystiques de la Kabale — Zadoc le Kohène.

Le mysticisme, l'argent, la Kabale, M. de Rothschild, le roi Salomon, les Kahns et les Kohènes, la maison de banque, le Sepher-Jesirah, le château de Ferrières, les triangles croisés de l'étoile à six pointes, ne paraît-il, à certaines heures de la pensée, qu'entre toutes ces choses il peut exister comme un lien occulte dont le nœud échappe à notre vision?

Et parce que le serpent ondule faisant miroiter la tacheture multicolore de ses anneaux, cela empêche-t-il qu'il se puisse mettre en rond et se mordre la queue? Une fin qui se perd cachée dans un commencement — le cercle qui se ferme !...

Une revue théosophique anglaise reproduisait *verbatim*, il y a deux ans, une curieuse brochure publiée en 1836 sans nom d'auteur et devenue rapidement introuvable.

Sous ce titre : *Le Talisman Hébreu,* c'était l'étonnante fortune des dynastes de l'or expliquée par une légende occultiste.

Le Juif-Errant reçoit la malédiction du Crucifié, mais il a le secret de la magie.

La racine *Baara* ne pousse qu'arrosée de sang humain. Elle est l'arcane suprême que, dans Israël, un seul homme à la fois possède. Moïse l'a connu, le mystère sublime, et il a répandu les sept plaies sur l'Egypte.

Le grand Salomon est celui des Juifs à qui Jehovah a permis de pénétrer le plus avant dans la magie. Son sceau porte les paroles mystérieuses qui, prononcées sur la Baara, évoqueront les puissances cachées et commanderont aux esprits. L'anneau de Salomon est déposé dans le Saint des saints où, seul, le grand-prêtre peut entrer.

Nabuchodonosor et Cyrus ont pillé les richesses
du temple, mais le sceau n'a pas été pris. L'Eternel,
de tout temps, le destine à opérer le salut d'Israël,
quand ses péchés seront expiés.

Dans la septantième année après celui que les
chrétiens nomment le Messie, le dix-septième jour
du mois appelé Panemus dans la langue Syro-Macé-
donienne, mois que les Juifs appellent Jamuz, le
romain Titus avait réduit Hiérouchalaïm à une telle
extrémité que le sacrifice ne pouvait plus être offert.
Et alors, tous ceux qui connaissaient leurs textes
comprirent que le Temple devait tomber.

L'Errant assiste au sac du temple et voit tuer le
grand-prêtre dans l'exercice de ses fonctions. Il
passe entre les colonnes Joaquim et Booz et se dirige vers les deux Kéroubim d'or qui ont dix cou-
dées de haut. Ce ne sont pas de ces anges aux ailes
éployées, de ces chérubins joufflus — une tête sans
corps et qui vole — que nous voyons dans nos
églises. Le *Keroub*, c'est le bœuf. L'arche d'alliance
est gardée par ces bêtes mythiques où l'on retrouve
la parenté du sphinx d'Egypte. Comme dans ces ca-
riatides assyriennes que l'on voit au Louvre, les
Keroubim juifs devaient avoir, sur un puissant corps
de taureau, un buste et une tête d'homme à la barbe
crespelée. Sur le front, entre les cornes — emblème
de toutes les théogonies d'Orient — une sorte de

tiare cylindre s'élève, telle que les Parsis la portent
encore. Elle paraît être, tant il y a de ressemblance
entre eux, l'ancêtre de notre couvre-chef moderne,
le hideux tuyau de poêle, ce chapeau qui ressemble
à la mitre d'Assur.

Le juif-errant, donc, vient d'entrer dans le Saint
des saints. Les romains ne sont pas encore là, mais
tout autour, ce n'est que sang et carnage. L'astu-
cieux Israélite profite de la situation pour *faire* l'anneau de Salomon, pendant que Titus, en vainqueur
galant, fait asseoir Bérénice sur la *thora* et, sur ce
sopha moelleux lui dit des douceurs.

Après bien des aventures, le Juif-Errant se trouve
à Francfort, au moment où les Français viennent de
pénétrer dans cette ville.

Il entre dans la Judengasse chez un de ses coreli-
gionnaires qui se lamente devant sa caisse vide.
Les Français l'ont volé.

Le magicien ambulant avise un trousseau de
clefs, et transmet par l'incantation à l'anneau qui le
tient les vertus du sceau de Salomon. Il n'y a qu'à
faire un souhait en touchant ce morceau de fer, et
aussitôt le souhait se réalise.

Le premier vœu que formule le Juif de Francfort
c'est d'avoir de l'argent. A ce moment-là quelqu'un
de la ville vient lui confier un dépôt dont il donne
un reçu signé : Nathan Meyer Rothschild.

L'homme au trousseau de clefs devient vite très riche; il lui suffit en effet, de toucher l'anneau pour qu'une opération réussisse. Mais cette puissance magique ne lui est donnée que pour servir la cause d'Israël, pour travailler au retour des douze tribus dans Sion réédifiée. S'il triche, l'anneau lui porte la guigne. C'est pourquoi l'on a vu des Rothschild se suicider.

Nathan Meyer fit, le premier, l'expérience du danger qu'il y a à badiner avec l'anneau de Salomon.

En 1815 , les finances de l'Angleterre étaient bien bas. Cependant, il fallait, coûte que coûte, écraser Napoléon. Lord Liverpool négocia un emprunt avec Nathan qui aurait pu se montrer fort exigeant, car Irving, Reid et Barings avaient refusé. Le fidéi-commissaire du Juif-Errant prêta tout ce que l'on voulut, sans exagération dans le taux de l'intérêt, à la condition que l'Angleterre rétablirait, dans un délai de 21 ans, le royaume de Judée, et en garantirait l'indépendance.

Mais les Juifs furent mis dedans comme de simple *goïm*. A l'échéance, l'Angleterre offrit, en échange de la stipulation relative au royaume de Judée, un titre de baronnet pour Nathan Meyer qui accepta. La malechance tomba, à partir de ce jour sur le pauvre Juif qui revint mourir à Francfort après avoir subi de grosses pertes d'argent. Il fut assez avisé pour se retirer des affaires à temps.

Sa famille fut plus heureuse avec l'anneau cabalistique. Cela implique apparemment, que les descendants de Nathan Meyer ne se servent du petit souvenir laissé à l'aïeul par le Juif-Errant, que pour le plus grand bien et la plus grande gloire d'Israël.

Et s'ils sont barons, c'est par dessus le marché.

Si M. Ludovic Halévy ou M. Hector Crémieux — chez qui le Judaïsme n'exclut pas un aimable badinage — voulaient y consacrer leur talent, comme ils l'ont fait pour la mythologie, ou la légende de *Faust*, il y aurait peut-être là, le sujet d'une opérette assez gaie, avec trucs et changements à vue. Ils pourraient, en brodant, y introduire quelques petites femmes court vêtues qui chanteraient des chansons folichonnes, avec la mimique suggestive que comporte le genre.

Justement, derrière M. Zadoc Kahn qui pontifie, il se trouve, parmi le chapitre de la Synagogue, un rabbin qui supplée à l'insuffisance du budget des cultes, en donnant des leçons d'opérette. Le ministre officiant, digne à la fois et folâtre, forme des divas suivant les traditions du grand art. Il leur apprend l'aimable chahut qui accompagne le flonflon de la musique, et le geste égrillard qui souligne le couplet. Bien des élèves ont passé par ses mains, qui, sur le plancher des chanteuses légères, font honneur au maître talmudiste. Cela prouve que la juiverie sait se rendre amusante tout en restant sacerdotale, et sans pour cela, cesser d'être lucrative. Nous n'en ferons pas un reproche à ce digne lévite dont on peut dire :

> *Le matin, Judaïque et le soir, idolâtre,*
> *Il dine du Sepher et soupe du théâtre.*

Offenbach, nous apprennent les archives Israélites, débuta par faire de la musique dans une Synagogue.

Et le roi David, psalmiste distingué, n'était-il pas en même temps un chorégraphe de mérite ?

V

M. Drumont et ces bons monarchistes. — Catholiques et
Templiers. — La citadelle du Sacré-Cœur. — *Erin go
Bragh.* — Un Dieu Juif. — Notre-Dame de Sion. — Fabrique de Mortaras — La carte du Nonce. — Rome ne
se prononce pas. — Le roman du Cyrénéen. — Néo-Orléanistes. — Les noces de *Couche en joue.* — Le cocher de
la baronne. — Ceux qui votent pour M. Drumont.

Une question se pose. En France quel est le
bouillon de culture où le ferment antisémitique se
développe le mieux ?

Les adversaires de la doctrine — ceux du côté démocratique — pour la combattre plus efficacement,
ont dit aux masses que c'était une forme du cléricalisme réincarné. Cela est faux, et ceux qui le disaient,
le savaient bien eux-mêmes. Mais c'est incontestablement dans le milieu catholique — très catholique,
mais pas clérical — que le mouvement a pris nais-
sance. Reste à savoir s'il s'y développera.

M. Drumont est loin d'être un clérical, mais il
est catholique et, dans sa croyance, un pratiquant.
C'est vers les catholiques et les royalistes qu'il
s'est tourné quand il a voulu faire entrer ses idées
dans le domaine de l'action. Il a pu se tromper
en choisissant pour cela les élections municipales, mais il a été trompé aussi par les gens de sa
foi religieuse et politique. Ils lui ont dit « marchez
à notre tête » et quand il s'est retourné, ils les a vus
qui s'en allaient ailleurs.

M. Drumont avait été jusque-là un peu comme le
chien de l'Evangile ; il retournait toujours à son
conservatisme. Pour sa cause, il faut espérer que le
Gros-Caillou l'aura guéri.

Du reste, après son échec, avant de partir
pour son ermitage de Soisy, il envoyait comme
carte p. p. c. à ses électeurs, une affiche railleuse
dans laquelle il récrimine amèrement contre la trahison — le mot y est — des monarchistes.

« J'étais tranquille, je ne demandais rien à per-
» sonne lorsque le président et le vice-président du
» Comité monarchique ou conservateur du VIIe ar-
» rondissement vinrent me demander de poser ma
» candidature. J'acceptai, à la condition de me tenir
» en dehors de toute question politique, de ne me
» présenter au nom d'aucun Comité et de rester ab-

» solument sur le terrain de l'antisémitisme, ce qui
» veut dire : Guerre aux Juifs allemands qui ont
» envahi notre malheureux pays et qui le ruinent
» par les accaparements, les monopoles et les socié-
» tés véreuses. Les bons monarchistes me laissèrent
» me donner un mal du diable et attraper une la-
» ryngite à force de parler dans les réunions pu-
» bliques. Après quoi ils me lâchèrent avec entrain
» et me trahirent impudemment au moment du
» scrutin..... Les Orléanistes du Gros-Caillou, en
» effet, ressemblent à ceux de tous les autres quar-
» tiers : ils ont l'horreur de tout ce qui est loyal et
» droit ; ils sont portés comme par une inclinaison
» naturelle vers tout ce qui est oblique et cau-
» teleux. »

« Oblique et cauteleux ! » M. Drumont était, encore une fois, dans sa rancune, un excellent prophète. La publication des *coulisses du boulangisme*
devait lui donner raison.

M. Mermeix a vu ses affirmations trop tôt et trop
facilement confirmées par les *inculpés* de droite pour
qu'il n'y ait pas entre lui et eux, connivence tacite.
L'aveu orléaniste est — cela ressort de tous les éléments de la cause — absolument prémédité, comme
le fut — par une concordance remarquable, — le
petit soi-disant coup de tête du prince à la gamelle.

Ils ont pensé — il n'y a que les orléanistes pour avoir de ces roueries ingénues — qu'après avoir *brûlé* le général Boulanger, on reprendrait le mouvement qu'il avait incarné, sur le nom impopulaire et la personnalité falote du dauphin gastronome.

Depuis qu'ils existent, soit comme famille, soit comme parti, les d'orléans ont toujours *cuidé engeigner* quelqu'un. Après avoir engeigné Boulanger, ils ont trahi M. Drumont. C'est dans leur rôle historique.

Ils s'engeignent même entre eux. On sait, à n'en pas douter, que la *copie* ducale dont M. Mermeix assume, dans le *Figaro*, la responsabilité, n'a d'autre but que de faire — la langue française a de ces pauvretés, et vainement je cherche un mot plus honnête — que de faire *chanter* le comte de Paris.

Oh ! une simple chanson politique !

Les orléanistes du schisme gamelliste renouvellent, avec ce prétendant qui a cessé de plaire, la scène du *Barbier de Séville* où l'on envoie Basile se coucher en lui persuadant qu'il a la fièvre. Ils adressent à Philippe VII d'assez peu respectueuses sommations. Pour l'amener à abdiquer sa royauté d'expectative, les royalistes du nouveau genre lui reprochent — à mots insuffisamment couverts — d'être un avare et un ramolli.

Que le régime actuel a de la chance, d'avoir de

pareils ennemis ! Et, en outre, ils sont si amusants !

Les catholiques français, à part quelques coura-
geuses exceptions, sont des hommes timorés, on-
doyants d'idées et passifs, comme des gens trop
habitués à être battus et à se voir évincés de partout. Ils sont en général dans une petite aisance, se
souviennent du Krack qui a si désagréablement sévi
sur les porte-monnaie bien pensants, redoutent la
baisse des fonds publics, se résignent, et vont à
l'Eglise.

Ceux qui ne pillent pas, ne savent que gémir,
Et, tremblants comme au temps des Empereurs Saliques,
Adorer une chasse et baiser des reliques !

Pour ces châsses et pour ces reliques, du reste,
l'argent afflue. Sous la pression des mains cléricales
les millions se convertissent en moellons, et un temple s'élève dont le vocable bizarre a une allure d'an-
thropomorphisme. Sur le haut de la butte où jadis il
dut y avoir un temple de Mars (*Mons Martis* d'où :
Montmartre) le Sacré-Cœur commence à dresser
son architecture religieuse et guerrière. Le monument Jésuitico-Byzantin avec ses fortes assises, ses
fossés, les jours étroits qui percent, ainsi que des

meurtrières, ses épaisses murailles, a l'air d'une citadelle. L'ogive en est proscrite ; nulle part, la pierre
découpée en fines dentelles ou ciselée comme un
joyau n'égaye cette apparence atone, rigide. Le
chœur est sombre comme ces cryptes où se célèbre
un culte qui a besoin de rester mystérieux. Cela évoque des idées d'un Orient hiératique et dur, le Moloch
de Carthage ou le Baphomet de Syrie auquel les
Templiers rendaient un culte bizarre dans des temples qui étaient aussi des forteresses.

Le peuple de Paris, d'instinct, n'aime point le fort
du Sacré-Cœur, qu'il appelle de ce sobriquet : Notre-
Dame de la Galette. Il y a eu beaucoup d'opposition
contre cette bâtisse, mais les Templiers en soutane
sont arrivés à leurs fins.

On demandait à un homme au pouvoir, anticlérical
avéré, pourquoi le gouvernement permettait aux
catholiques de faire, sur ce point culminant, leur
grande manifestation en pierre. Il répondit :

— Laissez donc faire ! C'est très solide, on peut y
mettre des canons, et c'est orienté sur Paris. Le
Sacré-Cœur serait très utile dans le cas d'une nouvelle commune, et tout l'odieux de la répression,
retomberait sur les catholiques qui l'ont construit.
Sans compter que l'argent qu'ils enfouissent là, ils
ne le consacrent pas à autre chose !... »

Il y a quelque part, des catholiques très fervents dans leur religion, très ardents à poursuivre leurs revendications patriotiques, et qui nous montrent aujourd'hui ce qu'a de légitime, d'implacable en même temps, la guerre de races. Ce sont les Irlandais.

Ils sont pauvres ; on les persécute ; et la misère les force à s'expatrier ; mais ils sont nombreux. Les sous amassés, qui font à la fin des millions, servent à entretenir la ligue agraire et pourvoient à tous les besoins d'une lutte qui ne s'arrête pas. Peut-être l'oppresseur riche, si insolent, si confiant dans sa force, sera-t-il obligé d'en venir à composition. Ce miracle sera fait par l'humble penny que la pauvre Irlandaise laveuse de vaisselle à New-York économise sur son salaire pour aider au salut du pays. *Erin go bragh !*

Du reste si un grand nombre de catholiques en France court sus au Juif, ce n'est pas là un acte d'hostilité religieuse. Il ne s'agit pas d'exercer sur la race d'Israël, pour le meurtre du Christ, une vendetta tardive de dix-huit siècles. La haine a une signification plus immédiate, un côté plus pratique.

Le catholique a vu dans le Juif l'homme qui a pris sa place politique et sociale, son ancienne situation morale, et souvent son bien : ses terres, son argent.

Victime d'une *ériction* il veut s'en venger ; et comme
il connaît bien le Juif, il pourra lui être redoutable.

Le catholicisme, émanant en droite ligne du Mo-
saïsme, est une religion qui est faite pour vivre
en bon voisinage avec les Juifs. L'histoire d'ailleurs est là qui le témoigne. Les Israélites eux-
mêmes avouent que la théocratie catholique leur
fut plutôt bienveillante, et se montra quelquefois protectrice. Le côté clérical du catholicisme,
encore aujourd'hui, n'est pas antisémite, principale-
ment dans le haut clergé qui se tient dans une grande
réserve sur cette question, peut-être par charité chrétienne, peut-être par scrupules théologiques ou
financiers ; peut-être par diplomatie. N'ont-ils pas
de commun, avec les Israélites, l'ancien testa-
ment avec sa Genèse, ses psaumes, ses prophéties,
— en hébreu à la Synagogue, en latin à l'Eglise ? —
N'adorent-ils pas un Dieu qui est, si j'ose m'exprimer ainsi Juif, de père en fils.

Et M. Léo Taxil qui est un catholique intransi-
geant, d'une orthodoxie féroce, excommunie du haut
de sa compétence, M. Drumont que condamne, d'un
autre côté, l'abbé Loyson (nom qui vient de *Leryson*
— fils de Lévy — disent des étymologistes antisémites) — un catholique révisionniste !

Il faut compter aussi avec Notre-Dame-de-Sion.
C'est ce qui pourrait s'appeler le côté Juif du ca-

tholicisme. N.-D.-de-Sion est une œuvre catholique, — puissante à ce qu'il parait ; riche, dit-on, — qui a pour but la conversion des Juifs. Elle sert, en quelque sorte, de trait d'union entre l'Eglise et la Synagogue. Non point qu'il y ait des rapports réellement établis, des négociations qui se suivent entre l'une et l'autre. N.-D.-de-Sion est trop catholique pour se laisser entamer sur l'intégralité du dogme, et ceux qui dirigent les consciences israélites sont trop irréductibles.

L'œuvre de prosélytisme catholique veut faire disparaître le Juif, non pas par radiation, mais par assimilation. Elle part de ce principe évangélique qu'il ne faut pas désirer la mort du pécheur, mais bien sa conversion. Ce serait une fabrique de petits Mortaras.

En attendant de convertir le Juif, elle le défend. Le Juif laisse faire cette bonne Notre-Dame. Il a là, pour parer les coups que les catholiques pourraient lui porter, un très joli et très solide bouclier dont il se sert fort adroitement. Il y a dans N.-D.-de-Sion bon nombre de Juifs convertis, des hommes de talent et qui sont sincères dans leur foi nouvelle. Cependant ils ne peuvent s'empêcher — c'est à leur louange — de se faire les avocats d'office de la race dont ils sortent. On l'a vu quand M. l'abbé Lehmann a riposté à la *France Juive*. Le R. P. Mortara est, pa-

raît-il, devenu un prédicateur à succès, en Espagne.
Il défendrait probablement, lui aussi, la race d'Israël,
se souvenant qu'avant d'être tonsuré, comme eux, il
fut juif, et comme eux circoncis. Il la défendrait...
moralement, selon toute apparence, car l'ancien petit juif a conservé une âme douce et craintive. Piqué
par une guêpe, il y a quelque temps, tandis qu'il
célébrait sa messe, son émotion fut si vive qu'il
s'évanouit ; on a eu beaucoup de peine à le faire revenir de cette syncope.

M. Léo Taxil, qui jusqu'à présent, n'est pas encore
Juif, était sur le terrain de N.-D.-de-Sion — sinon
sous son inspiration directe — quand il fit sa conférence du mois de mai à la salle des Capucines, sur
la question juive. Nous avons vu que c'est là un sujet qui divise beaucoup les catholiques. Il fallait
que la division fût bien forte et que les influences
catholiques antisémites fussent sérieuses pour que
M. Léo Taxil se vît forcé d'insérer la note suivante,
huit jours après sa conférence dans le journal qu'il
dirige — *La France Chrétienne.*

« Quelques-uns de nos lecteurs nous demandent
» pourquoi nous n'avons pas annoncé la Conférence
» que M. Léo Taxil a faite lundi 19 mai à la salle des
» Capucines à Paris, sur l'Antisémitisme et la Révo-
» lution Sociale. Notre réponse sera bien simple :

» Cette revue s'est imposé la règle d'écarter toutes
» les questions touchant de trop près à la politique.
» D'autre part, on sait que dans la question de l'an-
» t'sémitisme, les esprits sont divisés parmi les ca-
» tholiques. Nous n'avons, par conséquent, à pren-
» dre parti pour personne, et nous nous tenons
» absolument étrangers à ces discussions. Notre si-
» lence jusqu'à ce jour n'est donc nullement un dé-
» saveu pas plus que la note d'aujourd'hui rendue
» nécessaire par de nombreuses questions, n'est une
» approbation. Cette revue est neutre, strictement
» neutre au point de vue de la campagne antisé-
» mitique. Aux lecteurs qui nous demandent com-
» ment les choses se sont passées, nous répondrons
» que tout a eu lieu dans le plus grand ordre.
» M. Léo Taxil se plaçant exclusivement sur le
» terrain des faits et évitant avec un soin minutieux
» les personnalités, a exposé la question à son point
» de vue, avec une correction parfaite, une courtoisie
» irréprochable à laquelle ceux de ses adversaires
» qui étaient présents dans la salle ont rendu hom-
» mage. L'esprit de la conférence s'appuyait sur les
» paroles que Léon XIII adressait le 20 octobre 1889
» aux pèlerins ouvriers arrivés par milliers à Rome :
« — Ce que nous demandons, c'est que par un retour
» sincère aux principes chrétiens l'on rétablisse et l'on
» consolide entre patrons et ouvriers, entre le capital

» et le travail, cette harmonie et cette union qui sont
» l'unique sauvegarde de leurs intérêts réciproques et
» d'où dépendent à la fois le bien-être privé, la paix
» et la tranquillité publique. » La salle était comble et
» M. Léo Taxil a été très applaudi. Le Conférencier a
» fait notamment cette déclaration : « Heureux d'avoir
» retrouvé la foi catholique, voulant à jamais demeu-
» rer le fils obéissant de l'Eglise, je soumets entière-
» ment à N. T. S. P. Léon XIII, mes paroles, mes
» écrits, mes actes. Je serais désireux que les catho-
» liques qui ne partagent pas ma manière de voir, en
» fissent autant. Quant à moi, je m'incline d'avance,
» loyalement, sans arrière-pensée, sans restriction, de-
» vant le jugement du Saint-Siège et j'invite mes con-
» tradicteurs à lui soumettre la question. » De nom-
» breux ecclésiastiques, — environ 50 — étaient pré-
» sents dans la salle et n'ont cessé de témoigner leur
» sympathie au conférencier par leurs applaudisse-
» ments les plus chaleureux. Le lendemain de la con-
» férence, S. E. le nonce apostolique a fait déposer sa
» carte chez M. Léo Taxil. »

Sous la réclame qu'il se fait, on distingue l'embarras dans lequel se trouve l'inspirateur de la
France Chrétienne.

Il demande au pape de résoudre la question : être
antisémite ou ne pas l'être. Pour réponse, il reçoit

la carte cornée du nonce. Ce n'est peut-être pas assez.

L'Eglise ne se prononce point entre ses deux fils soumis : M. Edouard Drumont et M. Léo Taxil. Elle préfère, — comme on dit vulgairement, — voir venir.

Les Juifs à travers les âges, roman de M. Paul d'Ivoi se rapproche beaucoup de l'esprit qui anime l'œuvre de Notre-Dame-de-Sion. Il a pour thème la réconciliation définitive du Juif dans la société française. Le dessin de la couverture représente le Christ tel que Munkaczy l'a peint, seul, au milieu d'une plaine aride à travers laquelle passe un aqueduc romain. **La** fiction a pour point de départ une cause célèbre, en Judée, sous le César Tibère : le procès et la condamnation de Jésus. Le Christ sur sa route, rencontre Simon le Cyrénéen qui l'aide à porter sa croix. Avant de mourir, le condamné remet à Simon — pour les faire parvenir aux disciples — les tablettes où sa doctrine est écrite. La police de Caïphe a vent de la chose. Elle poursuit Simon qui s'est réfugié chez son frère Siméon. Celui-ci se dévoue. Il se fait passer pour Simon et on le met à mort. Simon s'est rendu, muni des précieuses tablettes, dans les Gaules, et là, il fait souche de chrétiens. Rébecca, veuve de Siméon, reste en Palestine avec ses enfants qui continuent la branche juive de la famille. Les grands évènements de l'histoire : l'invasion des Barbares, les Croisades, la Ligue, la Révolution, nous font voir les deux descendances avec leur caractère particulier, leur rôle, leurs passions et leurs préjugés. Enfin, les fils de Simon et les enfants de Siméon finissent par oublier et se pardonner leurs torts réciproques.

L'antisémitisme a recruté — comme nous l'avons vu à propos du 1ᵉʳ mai — beaucoup d'adhérents dans le monde Orléaniste. C'est surtout parmi les jeunes, la génération montante — ceux que l'on pourrait appeler les néo-orléanistes, les orléanistes *fin de siècle*, comme dit M. Mermeix — que le cri de guerre de M. Drumont, a trouvé de l'écho.

La Juiverie à salons fut très effarouchée d'apprendre qu'il y avait tant de seigneurs au parterre, dans cette fameuse réunion de Neuilly.

On allait ostensiblement, — des bandes très nobles, — a l'Odéon, entendre le Shylock de M. Haraucourt et l'on applaudissait les allusions comme :

L'argent qu'on vole aux Juifs, c'est de l'argent qui rentre.

Les Juifs s'étonnaient que cette jeunesse à particule n'eût pas la reconnaissance des chasses giboyeuses, des *five o'clock* luxueux, des dîners, des bals. Leurs invités pensaient qu'ils avaient quelque peu soldé le prix de tout cela par leurs pertes dans le krack de l'Union Générale.

— Nous allons chez eux comme au Casino ! disait un talon rouge.

Beaucoup qui y allaient comme garçons, mariés maintenant, n'y mènent pas leurs femmes.

On riait sous cape, dans une église ou un juif à sobriquet cynégétique épousait une fille de maison noble — une purge d'hypothèques !

Comme le Juif ne s'était pas converti, le clergé le mariait sans messe. Les invités se tenaient là avec autant de recueillement qu'à une tribune de courses, bien qu'ils fussent d'un monde où l'on a au moins les formes catholiques. Mais ils savaient bien pourquoi, et ils se racontaient la chose en chuchotant.

On avait retiré, à cause du Juif, le Saint-Sacrement de l'église. Si le dieu des chrétiens avait voulu rentrer pendant que son prêtre bénissait l'hymen de l'hébreu, le suisse indigné l'eût fait sortir comme un mendiant importun. C'est que le casuel est bien d'une présence réelle, sous des espèces sonnantes.

Maintes fois, quand il s'est agi des Juifs, les roya-

listes jeunes n'ont pas craint de faire la leçon à
leurs princes. Tout le monde a connu l'histoire de
ce pauvre Crésus de Hirsch, balckboulé au cercle de
la rue Royale, bien que le duc de Chartres fut un de
ses parrains.

Dans cette famille d'Orléans, où il semble qu'aucun membre n'évite la fatalité immanente d'un
châtiment, ce prince soutenant un juif ne fait-il pas
l'effet, dans sa triste posture, du Burgrave à qui
Barberousse inflige une peine humiliante?...

> .... *Prince, tu marcheras*
> *Une lieue en portant un juif entre tes bras !*

Pareil malheur arriva, pour deux cercles, à l'héritier du baron Alphonse. On raconte que, ce soir-là,
dans son hôtel de la rue Saint-Florentin, l'autocrate
de l'argent pleura. Le vieil anneau de clés de Nathan Meyer commencerait-il à perdre son pouvoir
cabalistique?

Le jeune Duc d'Orléans passait pour un ennemi dé-
claré des Juifs. Ses partisans lui attribuent toutes les
énergies. L'un d'eux me racontait avec attendrissement que ce dauphin avait mis la main sur la figure
à Monseigneur son père. Ils sont toujours un tant
soit peu régicides dans la famille !

Si le Duc d'Orléans est antisémite il a dû bien faire la grimace quand, après sa sortie de prison, il vit la baronne Alphonse présider à ses premières effusions avec sa famille. *Le Gaulois* nous apprit que la voiture de la baronne Sémite était conduite par un duc connu pour ses talents de cirque. Autrefois les ducs et pairs montaient dans les carrosses du roi.

Le parti *orléano-findesiécliste* sera très vraisemblablement, aussi enjuivé que ses aînés. Il raille les juifs, mais c'est un des plus fins, un des plus hommes d'état parmi les juifs, qui est l'oracle de la coterie. Les petits ducs qui sont, au point de vue cérébral, des *minus habentes* avaient besoin d'un cerveau. Ce cerveau se trouve être un juif, M. Arthur Meyer qui les domine de toute la supériorité qu'un homme habile

A sur l'esprit commun des vulgaires humains...

fussent-ils ducs ou princes !

Haine raisonnée et bien basée chez les catholiques, vent de fronde qui soufflait en forte brise, chez les royalistes, l'antisémitisme n'a pas recruté, on l'a vu aux élections, un grand nombre d'adhérents parmi le peuple non possédant, la classe ouvrière.

Le peuple cependant n'aime pas le Juif, par instinct de race. Et puis, il ne le trouve presque jamais
travaillant comme ouvrier. Le Juif est plutôt patron
ou intermédiaire ; courtier, placier. En qualité de
patron il est l'exploiteur et l'ennemi; mais il l'est au
même titre que tout autre patron, parce qu'il est le
capital, la grosse chose qui oppresse. Cependant,
l'ouvrier voit que le Juif en détient une très bonne
part, de ce capital-puissance qu'il accroît sans
cesse. Aussi l'ouvrier, d'une façon générale, voyait
avec plaisir taper sur les Juifs qui, s'ils ne sont pas
pour lui l'ennemi tout entier, en constituent au
moins l'état-major. Le peuple finira sans doute, par
comprendre que quelques boulets traversant les
rangs de l'état-major prépareront la défaite du gros
de l'armée.

Malheureusement, dans ces classes-là, l'antisémitisme est mal connu. Une petite bibliothèque populaire avec les travaux de M. Drumont mis à la portée
de tous, pécuniairement et intellectuellement, pourrait rendre des services à la cause.

La campagne municipale, cela a été son bon
effet, fut, pour un grand nombre, la révélation
de l'antisémitisme. L'ouvrier, bien qu'il se tînt
en garde — on lui avait dit que c'étaient des
réactionnaires et des cléricaux — a écouté avec intérêt M. Drumont et M. le marquis de Mores. Mais

l'intérêt était tout platonique. L'ouvrier ne votait pas pour eux.

Dans ces conditions, l'on peut se demander ce qu'est au juste l'électeur antisémite, à quelle espèce sociale il appartient, dans quelle classification politique il rentre.

Les 613 qui ont voté pour M. Drumont au Gros-Caillou sont-ils des catholiques purs, des bourgeois orléanistes, des ouvriers, des gens nobles ?

Je crois qu'ils ne sont pas — pour employer un bien gros mot, — si homogènes.

Il y a quelque temps, à dîner chez un de mes amis, je fis l'imprévue découverte d'un des électeurs de M. Drumont. C'est un commerçant de moyenne importance, depuis longtemps établi dans le quartier et des plus honorables. Comme nous parlions politique et élections, il nous dit :

— « Ordinairement je ne vote pas ; je vais à la campagne le dimanche. Le 27 avril je suis resté et j'ai voté. J'ai voté pour M. Drumont. Je ne le connais pas, je ne suis jamais allé à ses réunions, mais... j'ai eu trop à me plaindre des Juifs... »

Je pense que, tout bonnement, il y a eu dans le même quartier, 613 personnes qui ont pensé de même.

L'on ne peut s'empêcher de trouver, au fond, que c'est beaucoup, car ce sont des victimes.

Et c'est encore là une des roueries du juif — comme les filous qui crient : « au voleur ! » — de vouloir faire passer, quand elles se rebiffent, ses victimes pour d'affreux sectaires.

VI

Au rendez-vous des Juifs. — Émissions cosmopolites. — Pour vingt-cinq francs... — Le vol à l'américaine. — Magie du chiffre. — La *Bourse pour tous*. — Un cadavre gênant. — La charité juive. — Le samaritain jovial. — Philanthropie haineuse. — Tricotage de cul-de-jatte.

L'on peut prévoir que les 613 feront la boule de neige. En effet, soit qu'il ait, comme les idoles dont parle son Livre, des yeux pour ne point voir et des oreilles pour ne point entendre, soit que sa force lui donne un calme d'une sérénité parfaite, le juif ne s'est pas arrêté devant l'avertissement préalable que l'antisémitisme lui a donné. Il continue sa route très vite, faisant beaucoup de poussière — Ahasverus va en huit-ressorts — et sans s'inquiéter de ceux qu'il peut écraser.

Comme si les Juifs de France ne suffisaient pas, voilà que les Juifs d'ailleurs nous viennent, par gros tas. C'est à croire que quelque exode mystérieux les mène vers cette terre—notre terre — Chanaan secrètement promis, Jérusalem glorieuse où les douze tribus doivent se trouver réunies, les temps étant enfin venus. Des gens sales, à nez corbin, à houppelandes élimées, avec des bottes et des casquettes qui ne sont pas d'ici, se rencontrent, par nos rues, mâchant un jargon hébraïco-germain. Ils sont venus, pour l'Exposition, montrer ou vendre quelque chose et s'y sentant bien, restent. La terre promise a des grappes d'écus merveilleuses.

Le juif étranger qui a une grande respectabilité d'étalage, fait des émissions destinées à prendre, au coin d'un dividende illusionniste, une fois encore, le bon argent des gogo... im. Il s'est dit qu'en arrachant peu à la fois il ferait moins crier. Shylock ne tirera plus une livre de chair : il se contentera de quelques grammes. Mais on se rattrape sur la quantité des gens ainsi dépecés.

La loi française du 24 juillet 1867 sur les sociétés pouvait gêner ces combinaisons. Elle porte que les sociétés en commandite par actions ne pourront diviser leur capital en actions ou coupures d'action de moins de 500 fr. lorsque le capital est supérieur à 200.000 fr. Or, on couvre Paris d'affiches annonçant des actions émises à 25 fr. C'est que la société est constituée en Angleterre, à Honolulu, en

Hollande, n'importe où. Le gouvernement n'intervient pas ; il a sans doute des raisons plausibles pour ne pas le faire. Le pickpoket travaille avec plus de sûreté, étant de l'autre côté de la frontière. Il lui suffit d'avoir le bras long.

Un des plus vieux magasins du commerce parisien, sur les boulevards est mis en actions de 25 fr. A la tête de l'entreprise sont des Israélites de Londres. Ils sont investis là-bas des plus hautes dignités municipales. Cela ne fait-il pas songer aux tristesses de Frédéric Barberousse méditant sur l'abaissement de son pays ?...

Par qui fait-on porter les bannières des villes ?
Par des Juifs enrichis dans les guerres civiles.

Voici les sardinières à 125 fr. dont nous parlions à propos de M. Francis Laur interpellant le ministère sur cette tentative d'accaparement.

Ici c'est une société hollandaise faisant appel aux capitaux français — on n'est pas fier, on acceptera depuis 25 fr. — pour exploiter des mines situées..... en Espagne !

Le boniment est drôle, dans tous ces abattoirs d'écus, car il ne cesse de faire ressortir l'avantage qu'il y a

pour les petites bourses à entrer dans ces spécula-
tions-là. Il paraît donc que les grosses bourses, et
même les moyennes, ont du mal à s'ouvrir. Je cite
une de ces réclames.

« ..... C'est pourquoi le titre de 25 fr. a été ac-
» cueilli avec tant de faveur depuis quelques années.
» Accessible à toutes les bourses, il permet à tous
» ceux qui ont un peu d'initiative de s'intéresser aux
» affaires minières, et la Société..... leur donnera, à
» cet égard, nous en sommes persuadés, les meil-
» leurs résultats. »

Bertrand, conduisez ces messieurs à la caisse...
pour verser. Après, quand la caisse sera fermée,
qu'ils aillent à Londres, dans la Terre de Feu, à
Amsterdam ou aux îles du Cap Vert, se plaindre
d'avoir été refaits... « Pour vingt-cinq francs !... »
comme dit la chanson.

Une feuille financière qui prônait ces émissions au
détail, argumentait ainsi, récemment, sur la loi de
1867.

« Cette disposition, qu'on appelait sage à l'époque
» et qui n'est plus qu'abusive et attentoire à la liberté
» des petits, ouvriers ou employés, ne permet plus
» d'émettre comme autrefois des actions de 10 et 5fr.;

» autrement dit la petite épargne ne peut se pla-
» cer ni prendre part à aucune spéculation. Sous pré-
» texte de lui éviter des catastrophes, on a créé à son
» détriment un privilège pour les capitalistes bour-
» geois disposant de plus de 500 fr. On peut se de-
» mander comment une pareille disposition sub-
» siste encore après douze années de régime démocra-
» tique ! On a décrété toutes les libertés, et l'on
» refuserait de débarrasser le petit capitaliste des
» entraves qui l'empêchent arbitrairement de faire
» fructifier ses économies ! Voudrait-on donc, par
» un motif inavouable, le condamner aux caisses
» d'épargne à perpétuité ? Pour plaire aux mastro-
» quets, on a débarrassé l'alcoolisme des liens qui
» gênaient sa propagation dans les masses ; n'au-
» rait-on donc des rigueurs ou de l'indifférence que
» pour ceux qui ne fréquentent pas les assommoirs
» et qui se privent pour mettre de côté ? Le moment
» est venu de reviser une loi tombée moralement
» en désuétude depuis la révolution du 4 septem-
» bre. »

En voilà une loi gêneuse qui empêche de faire du
bien aux humbles en leur donnant des actions de
25 fr.

Laissez venir à nous les petits capitalistes, nous
les soulagerons !

» Quant à l'objection relative à la dépendance
» des tribunaux anglais, nous ferons remarquer
» que, lorsqu'une affaire marche bien, on ne plaide
» généralement pas. Si elle tombe en déconfiture,
» pour l'actionnaire ruiné il est *pratiquement* indif-
» férent que le tribunal qui jugera ses plaintes se
» trouve à Londres ou à Paris : les juges de l'une
» ou de l'autre ville ne sauraient tirer de l'huile
» d'un mur. »

Pas plus, sans doute, ô Macaire ! que vous ne ti-
rerez de l'or de vos mines.

Les gens qui sont volés ne méritent guère en
somme qu'on les plaigne. Ce n'est pas exclusivement à leur bêtise qu'il doivent d'être dupes,
comme ces niais, victimes d'un de ces vols à l'américaine, qui ont confié à un rastaqouère de trottoir
leur porte-monnaie bien garni, en échange d'une sa-
coche bourrée de vieux journaux.

L'homme qui, sur la promesse d'un revenu apo-
calyptique, remet son argent à un financier de rencontre est la dupe de sa propre cupidité.

Le petit rentier et le curé de province, les domes-
tiques, sont les clients les plus habituels de ces
échoppes de banque, de ces Bourses fantasmago-
riques qui encombrent la quatrième page des jour-

naux avec leur « psit ! psit ! » allumeur de convoi-
tises.

On a de la peine à comprendre comment l'avarice
peut être mariée à tant de naïveté. Tous les jours des
gens sont pris — et des gens méfiants, serrés — à
des appeaux comme ceux-ci, que je pique dans le tas,
au milieu des annonces du jour : je passe seulement
les noms de ces prestidigitateurs de la finance.

100.000 fr. sont offerts à la personne
qui prouvera qu'avec notre
combinaison on ne peut pas acheter **1.500** fr. de
rentes françaises **3** °/₀ avec **25** fr. de capital. *Brochure explicative* en 24 h. contre **UN** fr. S'adr. ou
écr.

15 ₀\° **PAR MOIS** payables tous les mois.
Capital garanti. Circul.
explicative.

1.800 Fr. DE **REVENU**
par an payables par mois avec
Petit capital garanti par TITRES 1ᵉʳ ordre.
S'adresser.....

910 fr. en 5 jours à la Bourse, avec
cas de pertes.

45 fr. participation de moitié des résult. Remb. de m. en

292 FR. à gagner par semaine à la Bourse avec
Écrire à...

25 FR.

Des sommes qui ne sont pas tout à fait rondes font, en effet, bien mieux. Cela vous a un air de vérité, d'exactitude, qui ne peut qu'impressionner favorablement. Faut-il que cet homme soit fort, et avec quelle précision faut-il que ses calculs soient effectués pour que 45 fr. en 5 jours donnent à la Bourse, 910 fr., tandis que 25 fr. en 7 jours, produisent 292 fr. !

Et la cuisinière que l'anse du panier, par une danse habile, a enrichie de quelques économies, le curé campagnard qui est resté paysan, — un peu avaricieux toujours — le rentier qui est gêné dans les entournures de sa rente trop étriquée, tous ces gens-là sont hypnotisés par ce mot mystérieux et magique « la Bourse. » Ils ne comprennent pas, mais ils ne cherchent pas à comprendre. Ils ont la foi. Ils savent que leur argent va à la Bourse, qu'un homme qui a le secret, fera subir à cet argent des préparations très compliquées, le maniera avec des combinaisons de chiffres ressemblant à celles des tables de logarithmes, et que......

On lira ceci quelque beau jour dans la chronique judiciaire :

« La 10ᵉ chambre correctionnelle s'est occupée pen-
» dant six audiences, à élucider les affaires assez em-
» brouillées de M. Léon Rodrigues, banquier à Paris.
» Il avait créé, en 1881, la *Banque générale des pri-*
» *mes.* Plus tard, M. Rodrigues publiait un journal, la
» *Bourse pour tous*, dont le but, qui se devine assez,
» était de s'attirer une clientèle et de recommander
» certains genres d'opérations. Une de ces combinai-
» sons consistait à se faire remettre des fonds ou des
» titres comme couverture de spéculations qu'il devait
» effectuer à la Bourse, soit en participation avec eux,
» soit pour leur compte particulier, mais qu'il n'exé-
» cutait pas. Ces opérations, prétendait-il, avaient été
» malheureuses. Il constituait ses clients en perte, et
» il bénéficiait de ces pertes imaginaires. De nom-
» breuses dupes finirent par se plaindre et M. Ro-

» drigues fut envoyé au tribunal correctionnel
» pour abus de confiance et escroquerie.

« Le prévenu a été défendu par Mes Seligmann et
» Clausel de Coussergues, et le tribunal, dixième
» chambre, a rendu une décision longuement motivée
» par laquelle il renvoie de la poursuite le prévenu
» en ce qui concerne les délits d'abus de confiance et
» d'escroquerie, relativement à des opérations en
» participation sur la rente française.

— « Mais attendu qu'en se faisant remettre pour de
» prétendues opérations à la hausse en Bourse, au
» comptant et à terme, sur le Panama, des fonds, va-
» leurs mobilières, obligations, billets ou promesses
» par divers : Rodrigues a commis le délit d'escro-
» querie ;

« Attendu les circonstances atténuantes résultant
» de ce que les clients de Rodrigues étaient tous des
» spéculateurs peu intéressants ;

« Le tribunal a condamné Léon Rodrigues à une
» simple peine pécuniaire de 3.000 fr. d'amende. »

M. Rodrigues est un Juif. Me Seligmann, son avocat est un israélite, et il devait bien y avoir quelqu'autre hébreu, juge ou substitut dans l'affaire.

Le voleur si doucement traité n'est pas intéressant, mais — le jugement a raison — les volés étaient
trop intéressés. Cependant, qu'un filou de petit ca-

libre *fasse* le porte-monnaie à un spéculateur véreux, dans la foule, il y a gros à parier que le tribunal ne trouvera pas de circonstance atténuante dans le fait que le volé est peu intéressant. La jurisprudence est loin d'être constante, en l'espèce.

Le Juif, expert en toutes les réclames, s'en est fait une qui jette encore de la poudre aux yeux. Sa bienfaisance trouve des thuriféraires. Bien des gens qui ont conscience de l'effroyable force du capital juif voient, dans certaines aumônes, quelque chose qui atténue la tyrannie de l'argent.

Cette charité est toute d'ostentation, on pourrait dire, de rapport. Elle constitue un article du budget *publicité*. Ce qu'il lui faut secourir, c'est l'infortune à grand orchestre, la misère théâtrale.

Elle ne viendra pas en aide à Hayem s'asphyxiant avec toute sa famille, à huis-clos, pendant que s'allument les premiers lampions du 14 juillet. Elle ne recherchera pas ces misères qui se cachent, et même comme dans le cas d'Hayem, elle passera, inflexible et féroce, la bienfaisance Juive, devant ce qu'elle connaît.

Car il est impossible que cela fût ignoré dans Israël, où tout est su de ce qui intéresse Israël. M. Hayem était Juif, et on l'a laissé mourir de faim, chez les Juifs. Il fallait que cet homme fût placé sous quelque terrible et pesant interdit, pour une de ces fautes que nous ne savons pas, que nous ne devons pas savoir. Le dieu Juif est un dieu sans pitié et son peuple est fait à sa ressemblance. Des exécutions qui restent toujours secrètes, des anathèmes sur lesquels on ne revient pas, retranchent de sa race l'homme qui a péché contre elle.

— Qu'il meure en Israël! a dit Moïse. — N'est-ce pas lui qui a inventé le bouc émissaire?

On a dit que M. Hayem avait épousé une catholique et que ses enfants étaient baptisés. Puis, après, l'on a raconté qu'il s'était converti et que lui et les siens étaient protestants. Les religions avaient l'air de se repasser ces cadavres. Il y a des morts qui sont gênants dans les Églises. On a fini par dévoiler que c'était un escroc. Malheureusement pour lui, il fut moins habile que le Rodrigues de la Banque des Primes!

Madame Hayem qui en réchappa, reçut à à l'hôpital mille francs de la baronne Alphonse de Rothschild. Sa misère était tapageuse, on pouvait donner.

Ce besoin maniaque de se montrer, de se mettre en vedette, et de faire du bruit quand il s'agit d'une œuvre philanthropique, le Juif l'a porté surtout dans l'organisation de ces fêtes de charité qui ressemblent à de lugubres paradoxes.

Rire, danser, boire, marivauder, se jeter des fleurs, aller à des représentations de gala, à des courses de taureaux ou a des steeple-chases sous prétexte qu'il y a quelque part des gens qui ont faim, ou qui sont noyés, ou qui meurent du choléra, ou qui ont été brûlés, cela paraîtrait une façon peu commune d'être charitable, si ce n'était entré, sous la poussée des Juifs, dans les mœurs de notre société.

Dans tous les cas, cette charité n'est guère conforme à la parabole....

«... Un homme qui descendait de Jérusalem à Jéricho, tomba entre les mains des voleurs qui le dépouillèrent, le couvrirent de plaies et s'en allèrent, le laissant à demi-mort......... Mais un Samaritain qui voyageait, étant venu à l'endroit où était cet homme, et l'ayant vu, en fut touché de compassion, il s'approcha donc de lui, versa de l'huile et du vin dans ses plaies, et les banda; et l'ayant mis sur son cheval, il le mena dans une hôtellerie et prit soin de lui...

(Évangile selon saint Luc, chapitre X. versets 30 et suivants).

La fiction ci-dessus n'est plus, — mais plus du tout! — dans le mouvement. Elle a besoin d'être modernisée.

Le voyageur couvert de plaies est là, à demi-mort. Le Samaritain lit cette catastrophe dans l'*Echo de Jérusalem* ou dans la *Gazette de Jéricho* ou dans le *Fanal de Judée*. Il tient alors ce discours à la victime :

— Monsieur et chère victime. Vous voilà dans un bien triste état et privé de ressources. Très bien ! Votre femme et vos enfants n'ont plus de quoi manger. Parfait ! Je m'intéresse à votre sort fâcheux et je m'en vais exercer sur vous mon infatigable charité. D'abord je m'en vais commander les violons et m'acheter un faux nez. Je ferai venir quelques dames notoirement aimables, parmi lesquelles il y en a qui sont complices de ma charité depuis vingt-cinq ans et qui vendront des fleurs fraîches et des sourires qui sentent le rance. Nous mangerons du pâté de foie gras, nous boirons du champagne et je danserai le cotillon pendant que mon épouse exhibera la plastique de son buste à quelques habits noirs de cette génération. Nous flirterons, nous nous vautrerons dans la joie des chansonnettes spécifiées comiques et dans le délire des monologues et autres coquelinades. Et si votre veuve et vos orphelins crèvent de faim, ce sera que les frais auront absorbé les recettes. Mais je n'en aurai pas moins pratiqué sur vous, et envers vous, et contre vous, mon inexorable et cascadeuse charité !...

Car, ce n'est plus le bon Samaritain qui est le héros de la parabole, mais le joyeux Samaritain. Il ne verse plus le vin dans les plaies, il le boit, et sa bienfaisance ne marche qu'avec trombones, castagnettes, ombres chinoises et danses du ventre.

Le Samaritain a la réjouissance catastrophale innée. Tremblements de terre, inondations, naufrages, incendies, éruptions volcaniques, la trombe, les sauterelles, la guerre, le choléra, tout lui est bon pour se livrer à l'habituel déchaînement de sa charité cataclysmique et rigolarde. Au temps des sept plaies, en Egypte, il en serait mort fourbu à force de fêtes.

Il y a certaines réjouissances dont il raffole mais auxquelles il n'ose s'adonner que dans les cas désespérés, quand des milliers d'êtres humains sont engloutis et que d'autres agonisent. Alors, gai et content, le Samaritain verse dans sa philanthropie lampionneuse et orchestrée. Il toréadorise avec la peste et kermesse avec le grisou.

Et le voyageur de Jéricho qui crève dans le sang de ses plaies, entend l'écho des fanfares samaritaines, le charivari de ses grelots et les boniments tambourinés de ses foires : — phoques des théâtres subventionnés ! belles Fatmas du Rat-mort !...

.... Monsieur, ce sont des masques
Qui portent des crins-crins et des tambours de basques !

Un journal parisien donnait cet écho, quelques jours après l'explosion de grisou qui coûta la vie à tant de mineurs, au mois d'août, à St-Étienne :

On s'amuse ferme à.... — ici le nom d'une ville d'eau — au profit des victimes de St-Étienne... Le bataillon de Cythère était représenté par...

Les serfs attachés à la glèbe noire meurent d'une mort horrible. Il y a, derrière ces morts, la misère qui guette de malheureuses veuves, de pauvres petits enfants. Et l'on associe ces images navrantes à des formules badines : « on s'amuse ferme... le bataillon de Cythère... »

Oh ! les joyeux Samaritains !

Du reste, le juif n'aime pas le pauvre. Le mot *charité* est inconnu dans sa Bible haineuse.

Quand il s'agit d'une mesure qui doit faire souffrir les petits, les faibles, humilier les vaincus, tous ceux déjà humbles par le sort, la souffrance, on voit le juif accourir. M. Joseph Reinach est un des promoteurs de la loi sur les récidivistes qui, par bien des côtés, est une pure monstruosité.

Le Conseil municipal de Paris envoyait, il n'y a pas bien longtemps, une commission composée de quelques uns de ses membres, dont un royaliste, M. Georges Berry, étudier le fonctionnement de l'assistance publique en Hollande. C'était, dans la belle saison,

comme un voyage d'agrément, que les pauvres —
cela va de soi — ont payé sur leur budget.

Un journaliste israélite, M. Emile Berr, rendait
compte de ce voyage dans le *Figaro*. Il s'attendris-
sait sur un établissement d'assistance en Hollande
— un modèle du genre ! — où l'on avait trouvé le
moyen d'utiliser les manchots qui mettent en mouvement de grandes roues avec leurs jambes, tandis-
que l'on fait tricoter les culs-de-jatte.

Ces invalides dont on fait des forçats, touchent
un sou par jour, ce qui procure au publiciste nar-
rant la chose, un nouvel accès d'admiration.

M. Georges Berry et ses collègues ont aussi ad-
miré et loué très fort, en toastant avec les échevins
de là-bas, cette charité qui a l'air de châtier, cette
philanthropie sous laquelle on sent comme un esprit
de haine, une pensée de vengeance vis-à-vis des
déshérités.

VII

« .... Après que la pluie fut tombée durant qua-
» rante jours et quarante nuits, les sources de
» l'abîme furent fermées, aussi bien que les cata-
» ractes du ciel et l'arche se reposa sur les monta-
» gnes d'Arménie. »

Alors les enfants de Noé tirèrent chacun de leur
côté. Il est vraisemblable que, déjà, ils ne pouvaient
plus s'entendre. Japhet qui était l'aîné, alla colo-
niser une partie de la terre, tandis que Sem, am-
bitieux cadet de famille, le moins bien loti, s'établis-

sait dans un petit coin de l'Asie, en attendant de se faufiler partout. Je ne parle pas de Cham qui reste le paria de la famille.

Telle est la version biblique sur l'origine des deux races en présence : la juive et la nôtre. La Genèse borne là ses explications, et ne nous donne aucun renseignement particulier sur cette bifurcation de l'humanité qui produit les aryens, d'une part, et les sémites de l'autre. Cependant le livre saint donne à la descendance de Japhet une grande force d'expansion, une extrême diversité, on peut dire que, dès le principe, elle se décentralise.

« Les fils de Japhet partagèrent entre eux les îles des nations, s'établissant en divers pays où chacun eut sa langue, ses familles, et son peuple particulier. »

Sem reste dans l'unité de son type et de sa race. Il est depuis son point de départ, essentiellement centralisateur.

Je suis loin de prendre ici la Bible comme autorité et je craindrais vraiment d'être tenu pour un *fumiste* — comme disent les magistrats de notre époque — si je voulais expliquer, par des versets de la Genèse, l'antagonisme du Juif et de tout ce qui n'est pas Juif. Mais la Bible, dans sa drôlerie de fable est intéressante. Elle fait parler Dieu, comme Esope fait parler les bêtes, bien qu'avec moins d'esprit, car elle est dans

un esprit juif. Et elle vous a, par places, l'allure
d'un Brantôme qui serait paillard sans galante-
rie.

Cependant, il n'y a pas de fable sans moralité,
et l'on peut pour celle-ci, essayer d'en faire une.

Or, prenons le petit conte des fils de Noé.

L'arche est échouée et l'arc-en-ciel brille. Après
des libations peut-être exagérées mais qui lui procurent le don de seconde vue, le patriarche bénit ses
deux fils chéris en prophétisant.

Il dit simplement à Sem :

— « Que le Dieu de Sem soit béni ! »

Sem a déjà le monopole de Dieu. L'idée de Dieu
sera toujours une idée juive — du moins une certaine idée de Dieu, celle des religions qui se sont
accrochées aux textes hébreux.

A Japhet, Noé dit :

« Ta postérité se multipliera et tu habiteras dans
les tentes de Sem. »

D'après la prédiction, Japhet serait destiné à
n'être, en quelque sorte que le locataire de son frère
cadet. Et il n'a pas, comme lui, un Dieu. Mais il
n'a pas moins le sentiment du divin et il l'a d'une
façon plus belle, plus idéale. C'est chez Japhet que
l'art atteindra la *splendeur du vrai*.

Japhet — c'est-à-dire celui qui s'étend — di-
versifie le principe de la divinité, comme il se

subdivise lui-même en nationalités. Il décentralise Dieu que Sem centralise à outrance. Ce sont les forces du principe créateur, les essences du grand Tout, les émanations de l'absolu, l'éternité productrice de la vie, — le πάντα ρει — que l'Aryen symbolise, particularisées dans une vénération en quelque sorte centrifuge. Chacune des qualités de l'Être est un Dieu représenté sous une allégorie spéciale. C'est de là que vient la merveilleuse mythologie du grec, génératrice de la Forme et du Rythme. Japhet est parti avec les Elohim, tandis que Sem reste avec Iahvé — le dieu centralisé, rentrant en soi, et négatif de toute création.

Iahvé est un principe abominable, anti-vital, l'abîme engloutisseur qui absorbe tout dans son tourbillon centripète, et dont on ne voit pas le fond. Le juif représente, en sa théogonie écrite, son Iahvé Shebaoth sous des traits maussades. D'un bout à l'autre de la Bible, ce Père éternel et acariâtre ne cesse de se montrer, comme une espèce de père Duchêne, toujours « bougrement en colère. »

Rentré en soi-même à qui il rapporte tout, engloutisseur et improductif, le juif est comme son Dieu. La lutte est là. C'est philosophiquement, un contre-sens de dire que cette lutte ne doit porter ni sur la question de race ni sur la question religieuse.

Tout ce qui a été lutte, tout ce qui a été guerre, a toujours été, en réalité, produit par l'antagonisme des espèces et l'opposition des doctrines. Rome en combattant les peuples, combattait aussi leurs dieux. Et quand les peuples étaient vaincus on emmenait leurs dieux, prisonniers, à Rome.

C'est, au fond, la lutte mythique des principes du Bien et du Mal : Ormuzd et Ahriman, Jupiter et les Titans, Mikaël et les anges rebelles. Les Celtes, dans leurs pays, luttent, mais ils sont vaincus et dominés par les Romains dans les Gaules, en Irlande par les Anglo-Saxons, des puniques, probablement. Ne semble-t-il pas qu'il pèse, encore aujourd'hui, comme une fatalité de la défaite sur la race celtique, toujours gouvernée par des hommes d'une autre race ? D'après une brochure publiée il y a une cinquantaine d'années, et vite retirée de la circulation, Henri IV, souche des Bourbons, serait d'origine Juive. Jeanne d'Albret l'aurait eu des œuvres d'un amant, médecin juif espagnol fort beau et réputé pour son savoir. Bonaparte est un pur latin. Mac-Mahon, un Celte d'Irlande, est renversé par Gambetta, un italo-juif. Constans, romain de la Narbonaise, a vaincu Boulanger, un Celte de Bretagne.

On peut dire même, qu'à bien voir les choses, la guerre des races est la seule légitime. C'est là qu'est le *struggle for life*. Une espèce cherche, pour vivre, à en supprimer une autre qui se défend.

Japhet est sous ses tentes. Depuis longtemps, il avait oublié les méfaits de Sem et il les lui avait pardonnés.

— Viens et vis près de moi. Tu auras les mêmes droits que les miens et l'on ne te reprochera plus ton passé. J'adorerai mes dieux, tu adoreras le tien. J'aiguiserai mes épées, je fourbirai ma cuirasse, je sellerai mes chevaux, ou bien, suivant le temps, je planterai ma vigne et je jouerai de la lyre. Tu feras les petits métiers inférieurs qui sont conformes à tes capacités, car tu n'es ni un laboureur, ni un poète, ni un soldat... »

Mais un beau matin Japhet se réveille, aux trois quarts dépouillé par ce cadet qu'il a eu l'imprudence d'accueillir.

« Tu habiteras la maison que tu n'as pas bâtie, et tu boiras le vin de la vigne que tu n'as pas plantée », a dit à son peuple Iahvé, le dieu receleur.

De tout temps, les sémites de la Judée furent les détrousseurs des peuples. Déjà Virgile disait (*Enéide* Liv. *VI, v. 851*) :

Tu premere usurâ populos, Judæe, memento.

Japhet, voyant qu'il a été volé, essaye de défendre ce qui lui reste. Cette défense est l'antisémitisme.

Le Juif a attaqué comme race ; il a fait le mal parce que sa race et la croyance de sa race, en faisaient, pour un but spécial, un être spécialement malfaisant. Les coups de la défense doivent donc également porter sur la race qui a fait le mal et sur la Religion qui l'inspire. L'individu et son Dieu sont inséparables. On ne peut frapper l'un, sans frapper l'autre.

Il ne s'en suit pas qu'il faille se livrer à des violences. L'époque y répugne et la mollesse des âmes ne se prête plus à ces grands heurts. Pourtant l'on est violent, d'une violence qui semble anti-physique, et effraie, la criminalité portant, plus qu'en aucun temps, le signe de la Bête. Des crimes sont commis, dans le peuple, qui proviennent d'une sensualité aberrante. On croirait que ce sont là des dépravations de blasés cruels ; c'est de la férocité énervée d'alcoolique — des Tibères de l'alambic ! —

Mais pour une idée généreuse, un idéalisme de haine, une colère qui se bat, la vigueur ne viendra pas. Cette nation en a trop dépensé dans ce siècle. Et puis ce que l'on appelle décadence n'est peut-être que l'idéal qui se déplace. Les temps héroïques sont passés, a-t-on dit. Le peuple a évolué des barricades au pari mutuel. On a pu faire des tribunaux et des lois d'exception, lui imposer un député qu'il

n'avait pas élu, il n'a montré aucune velléité de re-
commencer les trois glorieuses. Mais il a saccagé
un champ de courses et rossé la police sur une question de *walk-over :* une sédition à Byzance ! Et
l'honnête province, si souvent étrillée par la finance
d'aventure, élit Mary Raynaud qui a eu des malheurs
judiciaires.

Ainsi, à moins de bien invraisemblables revire-
ments, ceux d'Israël n'ont point de Saint-Barthélemy
à redouter. Cela ne serait, d'ailleurs — suivant un
mot presque historique — qu'une demi-mesure. Les
Juifs ont de merveilleuses ressources pour se terrer.
On ne les verrait plus, ils marcheraient en dessous,
pour apparaître à nouveau, encore plus nombreux
et plus rapaces, ayant mis de faux nez fournis par
le socialisme international ou le catholicisme à la
Notre-Dame de Sion. Nous ne voulons sans doute
pas la mort du pécheur, mais nous désirons encore
moins sa conversion.

Le Juif penseur ne croit plus au Messie-Homme.
mais son instinct, toujours mystique par race, lui fait
entrevoir la réalisation d'un unitarisme dont il aura
l'hégémonie. La suprématie d'une Église triom-
phante, un socialisme universel qui parviendrait à
rompre les anciens groupements sociaux et natio-
naux, sont deux façons d'idées conformes à l'esprit
juif.

L'antisémitisme, par conséquent ne doit se rattacher ni au catholicisme ultramontain ni au socialisme international ou à l'anarchie. L'esprit de patrie — très particularisé jusqu'à la fédération, la commune — l'esprit de métier, de corps — je dirai presque de caste — l'Eglise nationale, sont l'antithèse de l'idée juive. C'est là-dessus qu'il faut faire la guerre aux Juifs.

Il s'agit de guerre ; personne ne songe à la persécution. Pour persécuter il faut avoir la force, la puissance ; les antisémites ne sont pas, au pouvoir : ils n'y visent pas. A aucun moment ils ne seront le bras séculier ; personne chez eux ne songe aux san-benitos, et aux chemises soufrées.

La persécution d'ailleurs grandit les hommes, et les idées qui ont passé par le feu sont plus fortes. Ce serait à l'antisémitisme, plutôt, à être persécuté, aujourd'hui. Les Juifs d'Espagne et de Portugal, — les Sephardim — ont été terriblement broyés par l'Inquisition. C'est d'eux que sont sortis les hommes les plus marquants de leur race dans l'ordre intellectuel : Les Halévy, les Péreire, M. Naquet. Michel Montaigne, on le sait, en était par sa mère.

Tout le monde aujourd'hui pour toutes les théories sociales, pour tous les systèmes philosophiques, commence à penser un peu comme le puissant ironique des Essais : « C'est mettre ses conjectures à

un bien haut prix que d'en faire cuire un homme
tout vif. » Mais, entre rissoler les gens, et se laisser
dépouiller par eux, il y a de la marge. Quand on est
attaqué, le droit de légitime défense est absolu. La
guerre menée par l'antisémitisme est donc une guerre
avant tout défensive. Japhet ne veut point porter ses
tentes en avant : aucune pensée de conquête ne le
mène, et le pillage du camp de Sem — si riches
qu'en puissent être les dépouilles — ne l'attire pas.
Il lui suffit de coucher sur ses positions. Mais pour
pouvoir y coucher tranquille, il faut les fortifier et
faire bonne garde.

Un grand tort, — aux temps actuels — chez
ceux qui ont été les protagonistes de systèmes
nouveaux, les apôtres de certains changements sociaux rêvés, fut d'introduire brutalement dans leurs
formules, la question politique. Pour beaucoup, il
fallait détruire la chose existante, saper un gouvernement mauvais. La construction, dont on apportait le plan tout fait, aurait, assise sur ces ruines,
une plus grande solidité. On ne songeait pas à bâtir
à côté, ce qui était plus simple, et plus court.

Les premiers chrétiens, vivant sous un pouvoir et
au milieu d'une société dont leurs doctrines étaient
la négation même, avaient une maxime sage :
« *Obedite potestatibus etiam discolis.* »

Le pouvoir qui domine est mauvais ; l'attaquer

c'est le rendre pire, et lorsqu'il n'y a aucune certitude que l'on puisse le vaincre, c'est une imprudence inutile et une force inutilement dépensée.

Les catholiques, les conservateurs, ont subordonné l'organisation de leurs systèmes à la chûte d'un régime. La République n'a pas été détruite. Mais catholiques et conservateurs ont vu s'éloigner la réalisation de leurs rêves.

L'antisémitisme n'a pas à tomber dans ces fautes. Constituer une nouvelle division parlementaire, un sous-groupe quelconque, cela n'est vraiment pas la peine. Fût-ce avec les hommes qui la mènent, bien qu'on en puisse souhaiter de meilleurs, la République doit rester intangible. Mais dans la République mise en dehors de cette question, — hors de toute question — l'antisémitisme aura le droit de se faire entendre. L'on pourra crier, comme M. Jacques de Biez dans *La question juive* : « Ne laissons pas la République aux Juifs ! » Si accapareurs qu'ils soient, c'est là au moins un monopole qu'ils ne prendront pas.

L'antisémitisme, sur ce terrain-là, reste encore strictement défensif. Son caractère de préservation sociale lui défend de faire d'inutiles victimes. Trop de Français, dans ces vingt dernières années, ont jonché les champs de bataille de la politique, après des assauts téméraires. Sur la route des Croisades bien des gens sont restés, dont la mort a été sans

profit. C'étaient toujours — qu'on me passe cette
trivialité — les pauvres bougres qui écopaient.
Que d'hommes braves, convaincus, expient depuis
le 16 mai, leur obéissance au Maréchal de Mac-
Mahon et à l'état major conservateur ! Leur situation est ruinée, pendant que le Maréchal et ses sous-
chefs, à l'abri du besoin, ont moins d'amertume
dans leur défaite.

Des magistrats, des fonctionnaires de tout rang
ont brisé leur avenir, pour ne pas appliquer les dé-
crets. Le parti catholique ne les oublierait pas, disait-
on. Les catholiques ne se sont souvenus que du
Sacré-Cœur de Montmartre et du Denier de Saint
Pierre.

Le boulangisme, tout récemment, a occasionné des
hécatombes terribles. Et il n'y a jamais d'amnistie
pour les gens condamnés à mourir de faim.

Une armée, malgré sa vaillance, doit se garder des
ennemis, et marcher à couvert, avec des feintes et
des mouvements tournants. Dans leurs attaques
contre la société française, dans la défense de leur
race, les Juifs n'ont point heurté de front un mur
qu'ils pouvaient miner. Ils eurent cette patience
sourde, jamais rebutée, pour qui le temps n'est rien.
Le fils de Sem fut comme son Dieu : « *Patiens quia
æternus.* » De même que leur obstination, la solidarité des Juifs fut admirable, alors qu'ils avaient

ici tout contre eux : le pouvoir et le peuple, les
mœurs et la théologie. Des Français, en France,
peuvent bien avoir la même ténacité patiente, et
montrer la même solidarité.

Les républicains n'ont-ils pas déployé ces qualités
dans des temps d'oppression monarchique ?

Et les protestants — des hommes de notre race
cependant, aussi persécutés que les juifs sous l'ancien
régime — n'ont-ils pas fini par se constituer en un
véritable système social, puissant, riche, intolérant
peut-être à cause d'une religiosité exagérée : *quan-
tum relligio potuit suadere malorum !*

Dans le département du Gard, où ils sont pourtant, moins nombreux de moitié que les catholiques,
on voit les calvinistes dominer comme influence. Le
pays est presque exclusivement administré par des
fonctionnaires de la religion réformée. Sa magistrature, sa députation sont en grande partie calviniste,
et le secrétaire général de la préfecture, un hugue-
not, dirigea un moment la mense épiscopale.

Il y aurait un livre bien curieux à faire sur la
force politique et financière que les protestants ont
su acquérir. On dirait que comme les Juifs, ils sont
une race. C'est par leur grande cohésion qu'ils sont
arrivés à l'autorité et au crédit qu'ils possèdent dans
le gouvernement. Il est toujours bon de faire balle.
D'ailleurs les protestants ne commirent pas, comme

les catholiques, la faute de fermer sur eux la porte de la république.

Les Saint-Simoniens, malgré leur insuccès comme secte, n'en ont pas moins laissé une page remarquable dans l'histoire économique de ce siècle. Les chemins de fer font pardonner certaines petites puérilités de culte laïque.

L'antisémitisme laissera, j'en suis convaincu, dans l'ordre des idées, une trace plus lumineuse et aura fait une œuvre morale qui restera. Il aura enseigné à se méfier du Juif, et sa doctrine sera pour la société un très impressionnant avis de « Beware of pick-pokets. »

Matera-t-on complètement les Juifs? C'est douteux. Le gouvernement représentatif et démocratique est une forme qui est un peu ouverte à tous les vents. Le vent juif y pourra peut-être souffler, mais le courant contraire, à son tour, s'y fera sentir.

Un tyran, au sens élevé et beau du mot — ὁ τύραννος — l'homme délégué par le peuple, serait un admirable instrument pour opérer la libération. Mais, encore, cela est-il chanceux. Les tyrans ont parfois de bien grands besoins d'argent, et les Juifs sont si riches!

Un homme eut ainsi le vent populaire en poupe. Tout le poussait, tout le portait. A présent, il est dans un exil sans gloire, bien seul, et son auréole, dédorée, ne luit plus devant les masses.

C'est qu'il a prêté l'oreille à l'éternel tentateur, au juif éloquent et insinuant qui sait si bien s'entremettre et si bien décevoir.

L'Evangile raconte ceci :

« ... Et le Diable transporta Jésus sur une haute
» montagne d'où lui ayant fait voir en un moment
» tous les royaumes du monde, il lui dit : Je vous
» donnerai toute cette puissance, et la gloire de ces
» royaumes ; car elle m'a été donnée, et je la donne
» à qui il me plaît. Si donc vous voulez m'adorer,
» toutes ces choses seront à vous. »

Un Satan juif, fort aimable, très correct de tenue, absolument homme du monde, tenta ainsi le général Boulanger. Il lui fit voir les douceurs de la grande vie, les jouissances faciles de l'argent sans peine obtenu, et l'orléanisme des salons avec ses pompes et ses œuvres, et ses duchesses.

Et quand le général eut adoré le diable — le juif ! — il se passa ce que nous racontent les légendes de ces sorciers qui vendaient leur âme à Satan pour de l'argent. Quand, le sabat fini, ils ouvraient la cassette où ils avaient enfermé l'or du Malin, ils ne trouvaient plus que des feuilles sèches.

Plus de comité, plus de trésorier, plus de duchesses ! Quelques feuilles rouillées par l'automne qui tombent des arbres de Sainte-Brelade secoués par le vent du large !

Mais l'antisémitisme n'a pas à prendre un souci exagéré de tout cela; son rôle de défense sociale, de préservation économique doit lui suffire. L'influence politique lui viendra par surcroît. Quelque jour peut-être, un gouvernement sera bien aise de trouver dans cette association d'hommes, qui ne sera ni une coterie ni un parti, une force pouvant servir de contrepoids à certaine puissance, dont on commence à s'effrayer en plus d'un endroit.

Le mot d'association appliqué à l'antisémitisme peut sembler un peu bien gros. Cela implique des choses que l'on n'y a point vues jusqu'ici, comme des statuts réglés, des cadres organisés, l'appui gouvernemental ou les honneurs de la proscription. Et puis l'association pour un but déterminé qui n'est ni la politique ni la finance, une association fermée, stricte, ayant son mythe, cela fait sourire. S'entourera-t-on de mystère? Et un rigoureux secret sera-t-il protégé par une hiérarchie d'initiation ? Pourquoi pas, après tout, rentrer un peu dans les catacombes, puisque le forum est encombré par les fils d'étrangers? Ce fut une naïveté qui causa la perte de plus d'un, dans leurs revendications civiles, que cette marche — si française — en rase campagne, avec la musique et les étendards claquant au vent !

L'abominable système ramenant toute la nation à un centre où elle s'absorbe — conception jacobine réalisée par Bonaparte, César Jacobin — avait perverti le sens national — fédératif — de notre pays. Il lui a semblé que toutes les forces dussent converger vers ce grand centre aspirant — Jehovah administratif — qui s'appelle le gouvernement.

Le problème alors est devenu : en être ou ne pas en être. Et, suivant que l'on se trouvait dans l'un ou l'autre cas, on encensait ce Dieu-Pouvoir ou on le blasphémait.

Ce qui se passe depuis quelques années aura au moins cet enseignement qu'il est oiseux de tout attendre de l'Etat, et inutile aussi de lui tout reprocher. Et l'on s'éloignera de cet abîme engloutisseur pour se grouper selon les affinités. Cette grande sphère — la sphère officielle en langage d'informations — continuera à rouler, mais d'autres sphères aussi rouleront, suivant d'autres orbites. Là où il y avait la société *une*, égoïste et terrible dans sa marche aveugle, il y aura des sociétés ou de communes croyances, des intérêts pareils rapprocheront les hommes, dans un altruisme d'autant plus strict qu'une sélection constante aura opéré leur réunion.

« C'est une chinoiserie.» Chez nous, par habitude, l'on flétrit de ces mots les choses aux complications oiseuses, les inutilités paperassières, tout ce qui constitue le mécanisme routinier de la *Forme*, cette théogonie administrative et féroce. La chinoiserie, — la bonne vraie chinoiserie de Chine — est diffamée par cette assimilation.

Les Chinois — on leur a fait ce reproche — sont restés stationnaires. Sans doute, ils ont pensé qu'une moyenne dose de bonheur était suffisante, et que mieux valait s'y tenir. Une sorte de fractionnement de la société en associations, a chez eux été le fruit de cette moyenne sagesse dans laquelle ils ont préféré demeurer.

Il y a là, sous un certain mysticisme un peu bizarre des formes, un réel sens pratique. Dans ce pays que nous entrevoyons comme une sorte de gros magot mal façonné, restant accroupi dans des vapeurs lourdes d'opium, n'est-il pas curieux de trouver une façon de socialisme à laquelle on ne s'attendrait pas? Ce socialisme est d'une formule simple : il faut s'arranger pour vivre. Cela n'a rien à voir avec la politique — vieille chose immuable, cachée comme les dieux, impénétrable comme le destin !

Habitués depuis longtemps à voir la corruption dans le fonctionnarisme, à tous les degrés, la vénalité dans la justice, les Chinois se sont ingéniés à créer des cadres d'existence sociale indépendants des rouages officiels. La réglementation du travail rappelle par bien des côtés l'ancien système de nos corporations. Celles-ci offrent des garanties particulières aux travailleurs ; les contestations avec les patrons sont réglées par un arbitrage, et les ouvriers invalides ont droit à une assistance assurée par des cotisations qui constituent une caisse de secours et de pensions pour la vieillesse. Chaque corps de métier est placé sous le vocable d'un personnage

des anciens temps, sorte de saint très vénéré et dont
on célèbre la fête avec éclat. La pagode où se trouve
sa statue est un but de pèlerinage, et sert à exposer
les chefs-d'œuvre de la corporation que le public
est admis à juger.

Parfois aussi des gens qui se connaissent de
longue date, des voisins, des amis, organi-
sent entre eux de petites banques de crédit mutuel.

Voici, enfin, ces puissantes confréries (*Hioui*) qui
comptent leurs adhérents par centaines de mille et
qui ont des ramifications, non seulement dans tout
l'Empire, mais encore en Australie, aux Indes, en
Amérique, partout où le chinois émigre. Ce sont
généralement des hommes de la même province,
unis par la grande parenté du clan. Ils se groupent
sous des chefs qu'ils élisent. Leur ordre a des statuts,
véritables lois suivant lesquelles ils jugent leurs dif-
férends pour n'avoir pas recours à des mandarins
concussionnaires ou à des juges d'Europe, barbares d'Occident qu'ils méprisent. Un Chinois dé-
barque à Singapore ou à Melbourne ; il est de la
congrégation du Kwang-Tung. Des signes particuliers, des mots de passe — toute une initiation qu'on
lui a fait subir — serviront à le faire reconnaître,
partout où il y a des frères. Les chefs lui trouveront
du travail et, cela, d'autant plus facilement qu'ils

se porteront garants de lui. Ils le tiennent, du reste,
par leurs règlements, avec une peine terrible, l'excommunication, pour celui qui les enfreint. Il n'y a
pas de Chinois qui ne préfère le suicide à ce châtiment rappelant l'interdiction de l'eau et du feu chez
les romains.

Quelques-unes de ces confréries sont de véritables
sociétés secrètes ayant une base philosophique et
offrant, aussi, ce que nous appellerions des tendances politiques.

Il y a environ deux siècles, cinq hommes très
braves et très vertueux, étaient réunis dans une
vallée du sud de la Chine auprès d'un temple jadis
célèbre, mais que la guerre civile, en ses convulsions
récentes, venait de détruire. Assis sur ces ruines, ils
déploraient les malheurs de la patrie, la corruption
du temps, et la tyrannie des Tartares-Mandchoux.
Ils pensaient combien il serait beau de changer tout
cela, et ils jurèrent de se consacrer à cette œuvre.
Ce fut le serment de Grütli échangé sous la lune qui
allait, dans la pagode aux murs troués, au toit crevé,
caresser de ses reflets tristes les dragons verts,
mutilés, tandis qu'au loin, dans la plaine, miroitait
l'eau stagnante des rizières, et que la brise qui
tombait des coteaux, portait, dans une tiédeur
de ouate, la senteur douce des roses mêlée à
l'âpre odeur du thé.

Tout à coup un homme sortit d'un épais fourré
de bambous et apparut devant les cinq qui se
prosternèrent contre le sol. L'étranger pauvre
et proscrit s'était fait connaître, et il incarnait
bien leurs rancœurs et leurs haines et tous leurs
espoirs... C'était le dernier des Ming, le seul reje-
ton qui restait de la vieille dynastie nationale. Mais,
aux princes déchus — Stuarts dans l'Occident et Ming
dans l'Orient — la fortune, à la même époque, fut
cruelle. Le trône des ancêtres resta occupé par
l'usurpateur. Et les cinq vaillants hommes qui
avaient juré de relever la patrie moururent sans
avoir accompli leur œuvre de régénération. Mais ils
en avaient jeté les bases au moyen de la société
qu'ils avaient fondée : La confrérie du ciel et de
la terre — la Thian-Ti-Hioui.

Les adeptes en étaient nombreux, surtout dans
le Kwangtung et le Foh-Kien, où ils firent souvent
la guerre de partisans, et leurs jonques régnaient
sur la mer entre Canton et Fou-Tcheou. Ils conquirent
même l'île de Formose qu'ils occupèrent longtemps
en maîtres absolus.

Leur histoire évoque le souvenir des vieux ordres
chrétiens de chevalerie. Ne dirait-on pas des Templiers à face jaune, aux yeux bridés, une sorte de
chevaliers de Malte chinois ?

La constitution de l'ordre suggère de bien inattendues et très mystiques similitudes. Le blanc est leur couleur. Leur emblème le lotus blanc. Ils rendent un culte spécial à Thian-Chu, c'est-à-dire le Dieu du ciel, supérieur à toutes les incarnations de Boudha. Mais, seul, le fils du Soleil a le droit d'adorer ce Dieu. Ils sont proscrits comme sacriléges, et, coïncidence curieuse, l'édit sacré de l'Empereur Yung-Ching condamne les jésuites avec eux pour cette même question de théologie gouvernementale.

L'empereur disait : « Les mauvaises lois sont celles qui sous prétexte de prêcher la vertu excitent le peuple à la rébellion, telles que celles de la secte du lys blanc. »

Les brûleurs d'encens, les affiliés du lotus blanc, les Hung, la secte du lys blanc, étaient les noms donnés aux membres de la Thian-ti-hioui.

L'ordre proscrit semble avoir sommeillé jusqu'en 1849 où une véritable renaissance s'opère. L'influence des idées chrétiennes se fait évidemment sentir chez ces hommes qui professent déjà un monothéisme très pur. Ils ont, à ce moment-là, un grand maître qui se fait appeler le jeune frère de Jésus. Du reste, frère est le mot dont ils se servent entre eux. Les frères se réunissent dans ce qu'ils appellent *la cité des saules*. C'est, avec quelque chose de plus pittoresque, l'équivalent du terme maçonnique de loge.

Il y a des cités des saules partout où la confrérie a établi des centres d'action. Les initiés se reconnaissent à des signes extérieurs. Tous les Chinois portent un éventail à la main. Celui des frères de la Thian-ti-hioui est blanc, et quand ils prennent le thé ensemble, ils disposent leurs tasses de façon à figurer certains caractères sacrés. Les étendards qui flottent sur la cité des saules portent ces mots : charité, équité, égalité, sagesse, foi, et cette devise : « obéissez au ciel et rétablissez la dynastie des Ming. » Il y a là un « quand même » sous-entendu qui est touchant comme toutes les fidélités qui s'obstinent. Et cette formule revient à la fin de tous leurs actes, et se répète à toutes les pages de leur rituel, comme le répons d'une litanie, comme *la alla ell' halla !* des arabes.

Les dignitaires sont élus par les frères. Ils se composent, pour chaque section, de : un président, deux vice-présidents, un maître, deux avant-gardes, un trésorier, un receveur, un aide-receveur, quatre secrétaires et dix conseillers. Le résultat du scrutin qui est affiché à la porte de la cité des saules est suivi de cet avis : « Si parmi ces hommes il s'en trouvait quelques-uns ayant commis des actes illégaux et qui seraient indignes du grade qui leur est conféré, nous prions tous les frères de la société, chacun en particulier, de se présenter et d'éclairer la confrérie.

Chaque membre est pourvu d'une carte qui porte, dans un coin, un cachet rouge, carré, avec ces mots : « Société de l'origine des patriotes. » En tête, sont inscrites les cinq vertus fondamentales et la devise de l'ordre que nous connaissons, ainsi que les noms vénérés des cinq qui créèrent par une nuit tiède,dans la vallée ombreuse, près de la pagode en ruine, la ligue destinée à poursuivre — qu'on me passe l'anachronisme des comparaisons — la dissolution de l'Empire des Tsing et la révision de la constitution au profit des Ming.

Le code qui régit la confrérie porte un grand esprit d'équité. La divulgation des secrets de l'ordre, la trahison, l'adultère commis avec la femme d'un frère, les attentats contre nature,sont punis de mort. La perte d'une ou de deux oreilles, les coups de bâton dont le nombre varie suivant l'échelle des délits font expier les infractions d'une espèce moins grave. Comme dans toutes les sociétés secrètes, les membres de la Tian-Ti-hioui se servent d'un argot spécial destiné à dissimuler aux profanes le sens d'un entretien d'importance. Quelques-unes de ces expressions sont typiques : un ennemi veut dire : un magistrat ; un courant d'air, la police ; casser des cailloux signifie manger du riz, chasser un nuage, fumer l'opium. Une lanterne désigne un œil. Faire la piraterie se traduit par manger du canard. Pour indiquer la guerre de partisans sur terre, on emploie cette image que nos souvenirs s'attendaient peu à retrouver sur la terre des potiches : chasser la perdrix !

> Prends ton fusil Grégoire,
> Nos messieurs sont partis
> Pour chasser la perdrix.

Chantaient les vendéens, ces frères du lys blanc de l'Ouest qui, avec une fidélité pareille et une fortune aussi adverse, luttaient, pour rétablir sur le trône des ancêtres, les Ming de France.

La Chine qui avait inventé la poudre et l'imprimerie avant nous, a donc, également, devancé M. Déroulède. Mais la ligue chinoise semble avoir eu plus de vitalité, en raison même, sans doute, de son caractère occulte, et de son côté philosophique.

Les irlandais sont, eux, des hommes bien de notre race, des aryens purs. Irlande veut dire — selon Pictet — terre des Eres ou Aryas. Leur langue qui n'a subi que peu de modifications à travers les âges, passe pour être l'antique idiome des Aryas. Un écrivain anglais du temps d'Elisabeth, Stanihurst prétendait que c'était la seule langue que le diable ne pût parler. Il citait un possédé de son temps qui avait, disait-il, discouru dans tous les langages du monde. Seul, l'idiome d'Erin n'avait pu passer par sa bouche.

Ces courageux aryens ont su, sous la tyrannie qui les opprimait, chercher contre leurs oppresseurs, une force dans l'association. Déjà au siècle dernier, de puissantes sociétés secrètes luttèrent pour l'affranchissement d'Erin. C'étaient les « enfants blancs » (*white boys*), les « enfants droits » (*right boys*) et les fameux « irlandais unis. »

On connaît la cruauté sauvage avec laquelle Lord Castlereagh réprima la conjuration des « irlandais unis » en 1798. Les conjurés avaient été trahis par un catholique du nom de Reynold qui vendit ses frères pour 5,000 livres sterling et une pension annuelle de 1,500 livres.

N'est-il pas étrangement curieux de voir que lorsqu'un chrétien trahit, il a un nom qui sent le juif ? — Reynold... Raynal !

Combien les esprits des hommes sont les mêmes malgré l'éloignement des lieux où ils vivent et la différence des races auxquelles ils appartiennent !

La justice, la solidarité, le dévouement, tous les principes supérieurs de l'humanité trouvent partout des adeptes. Pourquoi faut-il que la violence, l'oppression, l'égoïsme en trouvent également ?

M. Drumont qui est un genre de *Koheleth* — pessimiste et lamentatif — finit toujours sur des couchers de soleil. Il marche vers l'Ouest. On ne sait pourquoi l'Amérique l'attire. Il semblerait que son rêve fût d'y finir ses jours, avec de bonnes petites rentes, cela va de soi, car la vie, aux sans-le-sou est, là-bas, plus dure encore que de ce côté-ci de l'Atlantique.

« Quand les Juifs auront fait de la France
» ce qu'ils ont fait de la Pologne, nous suivrons le
» courant magnétique; nous franchirons l'Atlantique,
» nous irons au Canada. Les Canadiens français sont
» restés fidèles aux mœurs de la vieille France ; ils
» ont conservé la foi de leurs ancêtres, et ils pros-
» pèrent.....Tout le monde là-bas vit dans la paix et
» dans l'union. Le pays est magnifique, arrosé par des
» fleuves immenses. Ceux d'entre nous, auxquels les
» Juifs auront laissé de quoi payer la traversée, iront
» se réfugier sur cette terre qui portait jadis le nom
» peut-être prophétique de *Nouvelle France...* »

Cet exode de M. Drumont n'est en somme qu'une fiction lyrique, mais elle est d'un lyrisme tout hébraïque. C'est le système de la terre promise. Le Français, quoi qu'il lui puisse arriver, n'émigrera pas. Sa seule terre promise, c'est la France. Il veut la garder. Quand le Français émigre, c'est pour pratiquer quelque part un commerce modeste, exercer une petite industrie, qui lui permette de revenir vivre tranquille — avec des moyens comme l'on dit, — dans son village natal ou dans la bonne petite rue rêvée d'un quartier parisien bourgeois.

Il en est d'autres qui émigrent vers l'Amérique promise, sur la foi d'un agent d'émigration, bien souvent Juif, car ils ont trouvé, les fils de Sem, encore ce moyen pour exploiter les enfants de Japhet. Et nos consuls auprès de ces tristes républiques où la guerre civile alterne avec le *vomito-negro*, sont les témoins de cette misère, la plus lugubre, celle que l'on va chercher à grand frais, au-delà des mers.

Les Antilles françaises ne sont guère meilleures aux Français que les républiques Hispano-Rastaqouères. Les incendies presque simultanés de la Martinique et de la Guadeloupe n'ont pas été fortuiement allumés.

Les Français établis en ces îles où la France est souveraine, songent au retour dans la mère-patrie, sachant bien à quoi s'en tenir, prévoyant de pires conjonctures. On commence à dire tout haut des choses dont les journaux n'osent pas parler, que le gouvernement tait par suite de scrupules électoraux. Il y a là-bas une race qui pourtant n'est point issue de Sem, mais qui n'en a pas moins sa malfaisance particulière. Le spectacle d'Haïti et de St-Domingue les séduit. C'est beau, des républiques nègres!

Japhet est victime de Cham aussi bien que de Sem. Il les avait pourtant émancipés... *oignez vilains....!* En réalité la guerre de race est partout. Les hommes se font du mal les uns aux autres, parce que leur pigment n'est pas de la même coloration, leur nez de la même courbe.

L'Amérique anglaise a fait de grandes enjambées dans le progrès matériel. Mais ce n'est point la civilisation aryenne. Il y a du punique dans ce sombre et toujours calculateur Yankee, cet agité de la spéculation au cerveau desséché par la névrose des affaires. Le minotaure du capital aux Etats-Unis est plus féroce encore qu'ici. Il faut, au sortir d'un hôtel de la 5ᵉ avenue, où le propriétaire a entassé très vite des choses très chères, se transporter dans les bouges de l'*East*. La place Maubert est, en comparaison, *highly respectable*. Car nos misères, incontestablement, ont plus de décence.

Les monopoles, les accaparements ont produit, en ce pays parvenu si vite, sans histoire, une féodalité de l'industrie, une noblesse de l'exploitation. Dans cette république, l'on voit des royautés. Il y a — on les appelle ainsi — les rois des chemins de fer, les rois de l'argent, les rois de l'huile, les rois du sucre. Ce sont les capitalistes qui possèdent la plus grande étendue de chemins de fer, ceux qui par leur puissance financière font la loi sur le marché de l'argent, les plus gros détenteurs d'une denrée.

Tous ces grands manieurs n'appartiennent pas à la race juive. Les Juifs même — c'est drôle — dans ces milieux d'accapareurs, sont assez méprisés, comme ils l'étaient à Carthage où ils ne faisaient que le commerce inférieur. C'est bien dans le sang de leur race : le petit commerce. En Amérique le Juif n'a pas atteint plus haut, comme si au-delà de la mer des Atlantes, il avait rencontré, établi en des comptoirs, son frère de Tyr ou de Byrsa : un sémite supérieur.

N'évoquent-elles pas bien — ces royautés du trafic — les souvenirs de la grande Carthage commerciale?

Il y aurait, dans New-York ou dans Chicago, des peintures à faire rappelant *Salambô :* un suffète Hamilcar Barca passant en revue ses richesses et le labeur de ses esclaves.

« Hamilcar prit le sentier du moulin, d'où l'on en-
» tendait sortir une mélopée lugubre. Au milieu de
» la poussière les lourdes meules tournaient, c'est-à-
» dire deux cônes de porphyre superposés, et dont
» le plus haut, portant un entonnoir, virait sur le
» second à l'aide de fortes barres. Avec leur poitrine
» et leurs bras des hommes poussaient, tandis que
» d'autres, attelés, tiraient. Le frottement de la bri-
» cole avait formé autour de leurs aisselles des
» croûtes purulentes comme on en voit au garot des
» ânes, et le haillon noir et flasque qui couvrait à
» peine leurs reins, en pendant par le bout, battait
» sur leurs jarrets comme une longue queue. Leurs
» yeux étaient rouges, les fers de leurs pieds son-
» naient, toutes leurs poitrines haletaient d'accord.
» Ils avaient sur la bouche, fixée par deux chaînettes
» de bronze, une muselière, pour qu'il leur fût im-
» possible de manger la farine, et des gantelets sans
» doigts enfermaient leurs mains pour les empêcher
» d'en prendre. A l'entrée du maître les barres de
» bois craquèrent plus fort. Le grain en se broyant
» grinçait. Plusieurs tombèrent sur les genoux ; les
» autres, continuant, passaient par-dessus. »

Voilà ce qui vous attend, émigrants français, au
pays des dollars : tourner la meule pour d'autres
exploiteurs qui ne seront pas Juifs, peut être, mais

qui sont riches comme s'ils l'étaient. Ainsi que ce milliardaire Jay Gould dont le nom — un vrai symbole — sonne comme un vieux gulden de Hollande !

Il est vrai de dire qu'il passe dans ce pays jeune, où il y a encore des âmes vigoureuses, de grands éclairs de raison.

Les catholiques, sans budget des cultes, mais aussi sans revendications, niaisement réactionnaires, ont pris une place importante et active dans le mouvement socialiste.

Le président Cleveland, dans son message, a osé aborder la question sociale. Jamais un président de notre République n'aurait ce courage ; ce serait trop inconstitutionnel :

« Nous voyons — disait ce chef d'Etat — que les » fortunes réalisées par nos manufacturiers ne sont » plus seulement la récompense de leurs progrès in- » dustriels, mais proviennent en grande partie de » bénéfices injustement prélevés... » (*undue exactions*).

Il n'est point dans les possibilités humaines d'abolir les misères, de décréter le bonheur de tous. Mais pour diminuer ces misères, pour accroître la somme de bien-être à laquelle chacun a droit, il est nécessaire, à un certain moment, de dire au capital :

— Tu n'iras pas plus loin.

Contre tout ce qui est injuste, la résistance, même violente, est légitime. Un capital qui n'est fondé que sur des exactions doit être combattu.

C'est pourquoi l'antisémitisme combat une race qui est l'incarnation — la synthèse — du capital illégitime.

FIN

TABLE DES MATIÈRES

PREMIÈRE PARTIE

Les Trois Mousquetaires.

CHAPITRE I

CHAPITRE II

CHAPITRE III

CHAPITRE IV

Pages.

CHAPITRE V

DEUXIÈME PARTIE

L'Anarchie de Salente.

CHAPITRE I

CHAPITRE II

CHAPITRE III

CHAPITRE IV

TROISIÈME PARTIE

Sous les Tentes

CHAPITRE I

CHAPITRE II

CHAPITRE III

18

CHAPITRE VI

CHAPITRE VII

CHAPITRE VIII

Imprimerie DESTENAYS aint-Amand (Cher).